截拳道自卫防身技法

朱保荣 著

人民体育出版社

自 序

——我的截拳道

什么是截拳道?

不同的人有不同的回答。有人说李小龙就是截拳道,只有李小龙的截拳道才是真正的截拳道;有人说只要是以截拳道的思想为指导的,都是截拳道。截拳道不是固定的一拳一脚,而是以李小龙的武学思想和功夫哲学为指导的、适合自己的武道。所以,我的截拳道不敢自诩正宗,我的截拳道就是适合我的。

我研习截拳道20余年,先后在河北昌黎截拳道培训中心、湖南娄底李小龙研究总会学习截拳道,得到石天龙、郝钢、朱建华等老师的指导。我更多的时间是研习李小龙原著,大众书局出版的杜子心译《李小龙截拳道》和1988年人民体育出版社出版的《李小龙技击法》对我影响最大。

人们学习截拳道的目的不同，有的人走专业发展道路，学习截拳道上擂台、当教练；有的人只是把截拳道练习当作业余爱好，强身健体、防身自卫。专业人士自然可以把截拳道当作职业，勤学苦练，不断提高水平，但更多人学习截拳道没有太多的时间对技术精雕细琢，也没时间进行专业体能练习。在这种情况下，如何学习截拳道呢？我遵循截拳道日日精简的武道哲学，本着简单、直接、实用的原则，在我的截拳道里求精而不求广。截拳道的定位是街头格斗术，在真正用到它的时候是最简单、最熟练的那一两个动作。在当今社会，生活节奏越来越快，人们压力越来越大。业余截拳道爱好者可以把最基础、最核心的技战术反复练习，足矣！李小龙也说过：我不害怕练过10000种踢技的人，但我忌惮将一种踢技练过10000遍的人。

国内外关于李小龙截拳道的书籍种类已经不少，或研究李小龙的技击方法，或结合自己所学自成体系，有的从训练方法入手，有的从技战术入手。本书以自卫防身为切入点，将我的研习所得与同道分享，理解或有偏颇，但这是我的截拳道。我希望借此书能帮助截拳道爱好者寻找适合自己的截拳道。

最后，感谢在我研习截拳道道路上以及本书出版过程中所有给予我支持和帮助的人，真诚道一声：谢谢！

目　录

第一章　截拳道自卫防身基本知识

第一节　截拳道的魅力

截拳道是李小龙在20世纪60年代末70年代初始创的一门新的实战武学。截拳道创立不久，李小龙还来不及将其完善就撒手人寰。虽然李小龙走了，但是他在人们心目中的地位依旧。虽然截拳道不是尽善尽美，但是它拥有广泛的爱好者和研习者，这足以说明截拳道拥有强大的魅力！

一、以无限为有限

要谈截拳道就不能离开李小龙，因为李小龙就是截拳道，截拳道就是李小龙。

李小龙的成功首先是武道上的成功。他是一个武术天才，不但拥有超人的速度、力量、洞察力，而且具有超人的思想。要证明这一点，我们不必考证他曾经战胜过多少高手，只需认识他所创立的新的实战功夫——截拳道。他打破了传统武术门派的界限，大胆地否定了传统武术流于形式、囿于招式的弊端；他重实战、轻表演，重攻击、轻防御，把哲学与武学相融合，把禅境与武道相统一；他突破了国家、种族、地域的限制，使中国功夫蜚名世界。在今天，他的这种创新精神和开拓意义更显重要。中国武术开始重新正视实战，许多武术家以他的武学思想为指导，借鉴截拳道的技术、训练方法，把传统武术进行改革，促成了许多新武术的产生。在国外也有许多实战武道受到了他的武道思想的影响，进行了创新改革。所以说他不仅是一位武术家，更是一位武术的革新家和优秀的传播者。

更多的人认识李小龙是通过他的电影。他在电影中的打斗真实而不残暴，简单而不乏味，既弘扬了他的武道哲学，又兼顾了表演的艺术性。犹如舞者般“飘若黄蜂，翩似蝴蝶”的步法，快速有力的拳脚，富有韵律的节奏，无不给人以艺术的享受。他作为演员也很有表演天赋，绝不是只会在镜头前打斗，他在电影中塑造的角色有血有肉、有感情、有性格，真实可信。他们同样都是疾恶如仇、机智勇敢，但是又各有特色。《唐山大兄》中的郑潮安有些腼腆，《精武门》中的陈真有些冲动，《猛龙过江》中的唐龙有些痴，《龙争虎斗》中的李有些冷漠。另外，他的表情十分丰富，虽然有时略显夸张，但是很能表现人物的内心感情，无论是丧失亲人的悲伤，还是面对敌人的愤怒、不屑及杀死敌人时的痛苦，都让人随之动情。这些是通过电影可以看到的，不用多讲，而他的电影的成功背后还离不开他极为敬业、忘我的精神。他追求完美，过于认真，不但自己一丝不苟，而且要求别人全身心地投入，为此他常跟制片、导演、编剧发生冲突。也正是精益求精的精神造就了经典的功夫影片，造就了一个永远的英雄形象。

纵观李小龙的一生，除了他在电影和武术方面所做的巨大贡献之外，还有他自信、执着、叛逆的性格和自强不息、永不服输的精神。无论是在电影方面，还是在武术方面，李小龙都是十分成功的，但他的成功不是一蹴而就，而是他一生奋斗的结果。在他怀揣100美元只身来到美国的时候，他不得不四处打工维持生活，洗过盘子，做过跑堂；在他创立截拳道的过程中，他受到了许多武林同道的冷嘲热讽和排斥打击，以及各种形式的寻衅挑战，面对阻挠他从没有退缩；在他走向好莱坞的道路上，他一次次被拒之门外，在好莱坞的日子里他大部分充当着跑龙套的角色，直到最后的《龙争虎斗》才使他真正地占有一席之地。他始终坚信自己。1969年7月，李小龙曾写下这样一个“我坚定的目标”：“我将成为全美最高薪的超级明星，作为回报，我将在有限的角色中奉献出最令人振奋、激动、满意的表演，并力求保持最高质量。从1970年开始，我就会赢得世界声誉。到1980年，我将拥有一千万美元的财富。那时，我将过上舒适、和睦、甜蜜的生活。”虽然他没等到1980年，但他创造的财富何止千万美元。

一个人的生命是有限的，但李小龙在有限的生命中得到了无限的发展，创造了无限的财富。“以无限为有限”既是对截拳道的概括，也是李小龙一生的写照。这是闪耀在李小龙身上的截拳道精神，截拳道中也会永远闪耀着李小龙的光芒。李小龙个人的魅力决定了截拳道的魅力。

二、以无法为有法

要发现截拳道的魅力就要充分认识截拳道。李小龙已经故去，虽然留下不少武学资料，也有许多弟子学习了截拳道，但是对于截拳道的理解仍然是仁者见仁、智者见智，谁也不能完全诠释李小龙当年的思想。不过，截拳道已经拥有科学、完整的技术体系和思想体系，有自己的特色和优势，可以从中探索、领悟截拳道的真谛。

单从技击的角度来说，截拳道是纯粹以实战为目的的无限制技击术。它没有门派的限制，没有形式的限制，没有规则的限制，面对的是真实的格斗，克敌制胜是唯一的目的。截拳道是在中国传统武术的基础上，广泛吸取了拳击、空手道、泰拳等世界众多技击流派的精华，所以在它的技术体系中包括了拳法与上肢攻击技术、踢法与膝撞攻击技术、关节擒锁技术、窒息与绞杀技术、缠摔与地面扭打技术等全方位的攻击方法，而且注重心理、速度、协调、反应等素质的全方面的训练，力求发挥人类智慧与肉体武器整体功能，以适应真实格斗的需要。在此基础上，截拳道追求武术的至高境界——“把技巧隐于无形”（录自《龙争虎斗》）。境界越高技巧就越简单，以至最终达到无技巧。“截拳道之技巧简单说就是如何使动作简捷直接”。简捷意味着简单、迅捷，需要一个不断精简的过程。直接象征着效率，一种通过直觉、本能反应而进行的率真的表达。因此，截拳道在技法的结构上力求节省动作、速战速决；在技法的运用上采用直线近取和连消带打的攻击方法。

从存在的价值来说，截拳道是一种创新精神。它打破了武术门派的限制，改变传统的练功方法，吸收国外先进的技击元素，同时又继承了传统武术的精华，把中华武术推到世界武坛。对于传统武术它是创新，对于国外武术它也是创新。李小龙深深地体会到，“若沿着别人的老路子走下去，最多只能赶上对手而不能超过，所以要出人头地，唯有创新”，从而确立了截拳道的非传统性。非传统性就是创新精神，截拳道不但实现了自身的创新发展，而且促进了世界众多的武术的发展。

从训练的角度来说，截拳道是一套方法论。任何一种武术都有很多种攻击和防御的方法，但是真实的格斗是富于变化的，没有固定的形式，无法预料对手利用何种手段在何时攻击，只能依靠本能反应，“以无法为有法”、以不变应万变。“无法”要以“有法”为基础。截拳道提供了许多有益的方法，它可以教会你如何利用肉体武器，如何获得精神力量，如何拥有超人的体能，如何攻击，如何自卫，如何追寻武学真谛乃至生命真谛。但是，这些方法只是通往彼岸的桥梁，跨过它还要继续前进、发展，完全自由、灵活地运用各种方法，进而达到武学和人生的颠峰。

从思想的角度来说，截拳道是武道的哲学，是哲学的艺术，其中既有中国传统的佛家、儒家、道家的思想，又有西方哲学家的理论，是中西方哲学的融合。它不但适用于指导武术的修炼，而且适用于对人生的探寻；它致力追求武术和人生的哲学的统一，是在技击实战与探索人生两方面高度融合的整体化武道；它只是把武术作为一种载体，借助武术又超越了武术的范畴。截拳道是自由之道，它追求精神和肉体完全自由的修炼。裴多菲在诗中表达他对自由的渴望，“生命诚可贵，爱情价更高，若为自由故，两者皆可抛”。人们对一个罪犯的惩罚不是肉体的摧残，而是限制他的自由，所以说自由是人生最为可贵的。截拳道没有任何的限制，“以无限为有限”充分体现了它对自由的追求。

“以无法为有法，以无限为有限”（图1–1）是对截拳道的高度概括，是截拳道的宗旨与核心。通过截拳道的修炼，也许

图1–1　截拳道的标志

你能学到高超的技击技巧，也许你会找到成功的奥妙，也许你会改变对生活的态度，也许你还会有更多的思考。总之，“截拳道可谓启开智慧之火炬。它系生命之道，一朝向意志力与控制力的动作”“截拳道并非伤残之法，而系一大道，朝向生命真谛追寻的坦荡大道。我们只有在了解自己时方足以看透旁人。而截拳道则系朝向了解自己之道而迈进”。

第二节　李小龙的成功之秘

随着李小龙的功夫片在世界的广泛传播，李小龙的名字已经被众多的影迷和武迷熟悉。他的功夫片使中国的功夫片闯进了好莱坞，使他成为“功夫影帝”。他的截拳道使外国人爱上了中国功夫，使他成为“功夫之王”“武之圣者”。他在电影和武术方面都做出了巨大的贡献，这是毋庸置疑的。李小龙的成功并非偶然，其中既有主观原因也有客观原因。

一、李小龙的天赋

习武者都知道，要在武术上有所建树，自身必须具备两个基本的条件：一是天赋；二是勤奋。也就是先天的条件和后天的努力。截拳道以速度第一，李小龙具有超人的速度、敏锐的观察力和感觉力，面对攻击可以迅捷地做出反应，一旦发动进攻，对方却来不及防守。这应该说是两者的结合，缺一不可。因为现实中有很多人不能承受练武的苦，不愿花费很多的时间和精力去磨练自己，也有很多人生来不是练武的材料，勤学苦练也未能登峰造极。李小龙的天赋不仅表现在武术上，而且从舞蹈方面也可以得到证明。他擅长的恰恰舞，对节奏感、协调性、爆发力方面都有很高的要求，反过来，跳舞对他练武也有不小的帮助。

二、李小龙的勤奋

虽然李小龙具备某些练武的天赋，但也有许多缺陷。李小龙是近视眼，据说两腿也不一样长，有轻度的扁平足，可是这些并没有使他逊色于人。李小龙的勤奋是无人能及的，他初学咏春拳时达到“疯狂”状态，一边吃饭一边练功，甚至在拍摄电影时他也依然练功不辍。他的训练负荷强度很大，超出了常人所能承受的限度。李小龙勤于思考，练功并非一味地刻苦蛮练、傻练，在练的基础上善于体味领悟，吸收有用的，摒弃无用的，从而形成自己的。他勤于学习，阅读了大量图书，从中汲取了丰富的营养。

三、李小龙顽强的意志力

一个人的成功要有能力、有机遇，更要有顽强的意志力，有越挫越勇的精神。没有意志力的人是不能练武的，练武不但要吃苦受累，流血流汗，还要面对重复、乏味的训练。李小龙更是承受着各种各样的压力，初到异乡的生活压力，传统武术门派所施加的压力，拍摄影视不如意的事业压力，这些都没有压倒他。他曾经腰部受伤，几乎使他丧失习武的能力，但他凭着超人的毅力顽强地站了起来，创造了辉煌。

四、李小龙的武学思想

李小龙说功夫是一种哲学，所以截拳道是功夫的哲学。李小龙酷爱中国古典哲学，在美国读书时学的也是哲学，他的思想受到了中西方文化的共同影响。正因如此，他才给人们带来了全新的武学思想。李小龙没有门派观念，敢于打破成规，积极地向各种武术学习，大胆地向传统武术发起挑战，否定传统武术中不切实际的东西，从而确定了截拳道简单、直接、实用的技击风格。

五、李小龙能集众家之长

截拳道是传统与现代相结合的产物。李小龙从小就接触中国传统武术，学习了多种拳法，并从中汲取了很多精华。在国外他又较多地接受了现代的武道，在训练中采用了大量现代的科学训练方法。传统武术为李小龙打下了良好的基础，截拳道中的攻守中线、不动肘等原理以及木人桩等训练方法都来自咏春拳。现代的训练方法则快速地提高了他的各种能力，他使用了大量的训练设备，针对自己的需要不断设计、改进、制作先进的训练设备来提高身体素质。截拳道涉猎了二三十种武技，但绝非各种技巧的拼凑，而是技巧整合后形成的训练体系，通过有形的训练培养人的技击能力。在他习武到创立截拳道的过程中，遇到了众多的良师益友，如叶问、严镜海、伊鲁桑杜、李俊九等，这些人都对李小龙的功夫和截拳道的创立产生过或多或少的影响，正因如此，李小龙才能集众家之长。

六、李小龙注重实战

截拳道是最注重实战的，李小龙把没有经过实战的拳手比作没有下过水的游泳者。李小龙天性就好斗，儿童时代是街头小霸王，学拳之后四处找人讲手，稍有名气后又不断接受别人的挑战，说他身经百战一点儿都不过分。他在实战中不仅是为了证明自己的实力，而是通过实战找到问题，并锻炼各方面实战能力，积累了丰富的经验。截拳道是在实战中诞生的，又经过了实战的检验，是真正的实战武学。

第三节　如何练好截拳道

在学习截拳道之前，要明确自己的学习目的。是业余爱好还是专业发展？是为了强身健体还是自卫防身？是想模仿李小龙还是学真正的截拳道？如果是为了专业发展，就找一位好老师系统地进行专业训练，如果喜欢模仿李小龙，就多看看李小龙的电影，如果只是利用业余时间健身、防身，那就看看以下几点：

一、一技千练

截拳道的初学者求精而不求广。虽然截拳道倡导“以无法为有法，以无限为有限”，不能被限制在一个体系中，反对固有的形式，但是对于一个不懂武术的人需要一些有形的东西来引导，才能从有法到无法、从有限的技法和方法走向无限的发展。李小龙在传授截拳道时，为初学者设计了一套包括踢法、拳法、步法、擒摔法、闪避、反击等内容的规范动作。对于初学者不必也不可能接受全部，可以选择一些简单易学、能充分展示截拳道特点的技法进行练习。俗话说："不怕千招会，就怕一招能。"一天练一个拳法，一分钟出拳60次，练一个小时就是3600次。如果一天练10个拳法，一分钟出拳60次，练一个小时每个拳法才练360次，如此长期积累，差距越来越大。虽然你可能学会了10种拳法，但是用的时候一个也用不上。所以，我建议学习的截拳道核心技法不必太多。武术的拳理是相通的，当你掌握了一种拳法，其他拳法会触类旁通，更容易掌握。

二、学会发力

李小龙说："我的全部武功精粹就是两点——近身和发力。如果有人学到它们，则不管面对任何类型和等级的对手，他都能像闪电一样贴近对方，并以霹雳般重击将对手击倒。"其实无论哪种技击术，取胜的关键都在于近身和发力。近身主要依靠步法，发力则是要"集力于一点，发力于瞬间"。技击中的力与一般所说的力不同，一般人只会运用局部肢体的力量叫作拙力；技击中的力是一种爆发力，既要有强大的攻击力，又能减少不必要的体力消耗，要调动全身的力量从一点发出，称为活力，也就是整体发力。

1. 动作正确，配合协调

李小龙认为："协调是一种特有的能力，它能使一个人得以有效而舒畅地运用全身的、所有的机能与人体内的潜能，去随心所欲地支配他的动作。”动作的协调意味着正确，规范练习基础技术动作就是协调身体的过程。在各种技击术中所保留的技法大多都符合运动规律，掌握了正确的动作就为发力铺好了畅通的道路。发力的劲路畅通，力就会顺达，否则，就会影响力的传递。

2. “从腰部着手，要腰马合一”

这是李小龙宗师在《猛龙过江》中提出的方法。一般来说，力发于根，顺于中，达于梢。下肢为根，在技击中一定要有坚固稳实的步法。如步法不固，则根本动摇，上重下轻容易摔倒。所以说，脚上无力，整劲难发。腰为中，是力的主宰，有重要的媒介作用。拳脚为梢，是发力点。发力从下肢到腰，再到拳脚，动作才会有力。所以在武术中有“练武不活腰，终究艺不高”“打拳不遛腿，必是冒失鬼”等武谚。要想动作有力，不软手软脚，必须注重腰部和腿部的练习。腰腿部的基本功包括两个方面，一方面是柔韧性练习，如前俯腰、甩腰、涮腰、转腰、压腿、劈叉、踢腿等；另一方面是力量练习，如通过仰卧起坐、仰卧举腿、俯卧起身、铁板桥等练习腰腹力量，通过站桩、蹲跳、踏砖、跑步等练习腿部力量。另外还有一些专项练习，如纸靶扭髋练习就是利用腰马劲力的高效训练方式之一。

3. 身体放松，动作快速

只有放松，才有速度，才有爆发力，才能持久。这里所说的放松是指肉体的适当放松，要做到松紧相间，在不发力时肌肉相对放松，在发力时肌肉突然收缩紧张。出招应在放松的状态下以最快的速度出击，并在接触到目标的一瞬间突然握紧拳头。一张一弛，既省力，又能充分发挥肌肉收缩的力量，产生强大的、富有弹性的、迅猛的爆发力。否则，容易疲劳，影响肌肉的收缩力，难于发力。放松是一种生理状态，肌肉收缩是神经支配的结果，肌肉的放松先要做到精神意念的放松。控制全身各部肌肉可以通过有意识的练习，让肌肉一松一紧，体会放松的感觉，如用力握紧拳头，前臂肌群就处于紧张状态，再将手自然张开，肌肉就会放松。学会放松后还要注意速度练习，如快速空击，以最快的动作，最短的时间，反复练习同一动作。另一种常用的方法是负重练习，通过逐渐减轻重量来提高速度。

三、用实战检验自己所学

李小龙说："一个未经过对抗训练的技击者，就好像一个从没下过水的游泳者。"学会技术和学会在实战中应用技术是两个概念。学习自卫防身术的终极目的是在遇到危险时保护自己和他人，所有技战术的学习是为了实战应用。虽然我们在现实中自卫防身的机会并不多，但是要想在需要时发挥作用，就必须模拟各种情景，进行实战练习。要训练在不同环境与不同风格的对手进行对抗实战，去适应不同环境和不同的对手，在实战中积累经验，培养良好的心态。

四、加强对李小龙的研究

是李小龙创建了截拳道，学习截拳道就离不开对李小龙的研究，这是学好截拳道的基础，也是在截拳道方面有所建树的基础。李小龙留下许多文字和影像资料，这是极为宝贵的。我们可以通过这些资料研究他的人生哲学、他的武学思想、他的技击技巧、他的训练方法、他的教学方法。如果抛开对李小龙的崇拜，单从武学的角度出发，研究的重点应放在李小龙的武学思想和训练方法、教学方法上。透过李小龙及其思想可以更好地理解截拳道，解决许多武学上的问题。同时我们又不能被这些束缚了手脚，还要敢于突破现有这些形式的束缚，最终达到“以无法为有法，以无限为有限”。

第四节　自卫防身的法律常识

在学习自卫防身技术之前，必须了解一些自卫防身的知识。自卫防身不是打架斗殴，也不是恃强凌弱，需要依据法律法规，否则会防卫过当，要承担法律责任。

一、正当防卫、防卫过当的概念

《中国人民共和国刑法》第20条规定，为了使国家、公共利益、本人或者他人的人身、财产和其他权利免受正在进行的不法侵害，而采取的制止不法侵害的行为，对不法侵害人造成损害的，属于正当防卫，不负刑事责任。正当防卫明显超过必要限度造成重大损害的，应当负刑事责任，但是应当减轻或者免除处罚。对正在进行行凶、杀人、抢劫、强奸、绑架以及其他严重危及人身安全的暴力犯罪，采取防卫行为，造成不法侵害人伤亡的，不属于防卫过当，不负刑事责任。

本条法律规定给出了正当防卫、防卫过当、无限正当防卫三个概念。

正当防卫，又称自我防卫，简称自卫，是中国《刑法》里重要的法律制度，是我国公民抗击违法犯罪行为的一种重要手段和权利。为使国家、公共利益、本人或者他人的人身、财产和其他权利免受正在进行中的不法侵害而采取的制止不法侵害的行为，对不法侵害人造成损害的，属于正当防卫，不负刑事责任。

防卫过当，是指正当防卫超过必要限度造成重大损害的行为，我们正当防卫以能制止不法侵害为度，否则要负刑事责任。

无限正当防卫，是指对正在进行行凶、杀人、抢劫、强奸、绑架以及其他严重危及人身安全的暴力犯罪而采取防卫行为，不存在防卫过当，即使造成不法侵害人伤亡的，仍然属于正当防卫，不负刑事责任。

二、防卫误区

大致有以下10种行为不属于正当防卫：

（1）打架斗殴中，任何一方对他人实施的暴力侵害行为。两人及多人打架斗殴，一方先动手，后动手的一方实施的所谓反击他人侵害行为的行为，不属于正当防卫。但是如果一方停止或者被动停止了加害行为，而另一方转化成加害方时，则有可能存在正当防卫行为。在司法实践中，互殴中不法侵害转化的情形有以下两种：一种是一方已经停止斗殴，向另一方求饶或者逃跑，而另一方仍紧追不舍，继续实施侵害的；另一种是在一般性的轻微斗殴中，一方突然使用杀伤性很强的凶器，另一方生命受到严重威胁的。

（2）对假想中的不法侵害实施的所谓“正当防卫”行为。不法侵害必须是在客观上确实存在，而不是主观想象的或者推测的。

（3）对尚未开始不法侵害行为的行为人实施的所谓“正当防卫”行为。

（4）对自动停止或者已经实施终止的不法侵害的行为人实施的所谓“正当防卫”行为。

（5）不是针对正在进行的不法侵害者本人，而是无关的第三者的所谓“正当防卫”行为。

（6）不法侵害者已被制伏，或者已经丧失继续侵害能力时的所谓“正当防卫”行为。

（7）防卫挑拨式的所谓“正当防卫”行为。即为了侵害对方，故意挑逗他人向自己进攻，然后借口正当防卫加害对方。

（8）对精神病人或者无刑事责任能力的未成年人的侵害行为实施的所谓“正当防卫”行为。

（9）对合法行为采取的所谓“正当防卫”行为。公安人员依法逮捕、拘留犯罪嫌疑人等合法行为，嫌疑人不得以任何借口实行所谓的“正当防卫”。对紧急避险行为也不能实行正当防卫。

（10）起先是正当防卫，但后来明显超过必要限度造成重大损害的行为。此种行为，法律称为“防卫过当”，不属于正当防卫的范畴。

第五节　自卫防身的特点与原则

一、自卫防身的特点

截拳道作为街头格斗术，其主要目的就是为了在遇到突发的意外时，自卫防身、保护他人。要想利用截拳道自卫防身，先要了解自卫防身术的一些特点。

1. 真实性

自卫防身术用于突发性事件，很多情况无法预料。自卫防身不是表演，也不是比赛，不能预演，也不能重来。我们无法预测意外会在何时何地发生，我们不知道面对的是什么样的对手。抢劫、恐怖袭击有可能发生在你我的身边，一旦遇上就是真刀真枪，一旦动手就是殊死搏斗，来不得一点假，不能有一丝疏忽。真正要做到“当场不让步，举手不留情”。

2. 防范性

自卫防身术是以在自己身体受到攻击时，所能采取的高度自我防卫策略与技术手段，制止不法侵害，维护个人人身与财物安全。自卫防身是应用于个人自我防卫的一种技术，突出“防”字，防范性是区别于搏击、格斗、拳击等主动进攻型的运动形式的特征。

3. 实用性

面对残酷的现实格斗，自卫防身一定要做到简单、实用。技术动作要易学易懂、便于掌握，充分发挥自身的优势，并且贴近生活，用最小的消耗取得最大的效果，这也是截拳道检验其技战术实用性的唯一标准。也就是用自己最强的武器攻击对方最弱的目标来击败对手，人人都可以克敌制胜。

4. 无规则无限制

自卫防身不是擂台比赛，没有任何规则，没有任何限制，没有禁击部位，没有犯规动作，没有固定场地，没有时间规定。遇到的歹徒会使用各种意想不到的手段，自卫防身也要充分利用一切可以利用的手段，打法自由，以制敌取胜为目的，可以是徒手格斗，也可以是持械格斗，还可以是群斗。

5. 速战速决

不法侵害也许只有几分钟甚至几秒钟，自卫防身也需要速战速决。李小龙提出“六秒决胜”，要在最短时间内结束战斗，如果不能快速击倒对方，就不要与其纠缠，要快速离开脱身。

二、如何在生活中自卫防身

1. 要树立防护意识

我们生活在和平、稳定的社会环境中，有警察、保安等安保人员保护着人们的安全，但是还存在仇视社会的恐怖分子、偷盗抢劫的犯罪分子和一些低素质的寻衅滋事的人。所以，一些威胁人身安全的意外事件偶尔会发生，也许会出现在我们身边，我们要有一定的防范意识。平时要注意防偷盗，学习自卫防身知识和防身术。掌握了自卫防身的知识和技术，在遇到危险时才能从容应对。防身术不是纸上谈兵，是建立在一定武术技能的基础上的，不是仅仅知道怎样做，一定要经过反复练习，才能学以致用。

2. 远离是非

在生活中文明礼让，尽量不要与人发生冲突，忍一忍风平浪静，退一步海阔天空。遇到不讲理的人，要远离，尤其是老人、孩子、残疾人、泼妇，与这些人争执有理也会变没理。对突然接近的陌生人，要提高警惕，保持安全距离。大多数歹徒做贼心虚，会选择不易被人发现的时间、地点作案，比如，偏僻人少的地方、黑暗的地方，这些地方最好不要去，如果必须去也不要单独前往。另外要注意：不要露富，让歹徒有所图谋；不要盛气凌人、欺人，与人结仇，引起别人的的记恨和报复；不要自卑、自欺，让人觉得软弱可欺。

3. 三十六计，走为上计

如果无法避免地遇到歹徒，要尽量快速脱身。歹徒行凶必定有所准备，或者是恃强凌弱，或者是持有凶器，或者人多势众，多数情况下受害者处于弱势，与歹徒对抗十分危险，能走就走，能逃就逃。如果发生对抗也要速战速决，及早脱身。

4. 掌握自卫防身术的原则

如果必须要与歹徒搏斗，要遵循以下原则：

（1）沉着冷静，斗智斗勇。首先，遇到事不能慌，心慌动作也就乱了，狭路相逢勇者胜。自卫防身不是蛮干，要斗智斗勇。要与歹徒保持安全距离，在第一时间不被对方伤害，然后，找准时机，或走或战。不管是走还是战，要分散对方注意力，声东击西，创造机会。

（2）进攻果断，快、准、狠。一旦无法摆脱武力威胁，就不要犹豫，出其不意，攻其不备，力争一招制敌。这就要求出手快、攻击准、效果明显，使对方丧失不法侵害的能力。在自卫防身时，一招制敌很难，那就要一击得手后连续攻击；如果一招未能奏效，更要连续进攻，一鼓作气，不给敌人喘息的余地。

（3）以最大的力量主动攻击敌人薄弱的环节。一般情况下，自卫防身都需要以弱胜强。一个弱者如果不攻击敌人的薄弱要害，往往不会有效果，比如，一个弱女子对一个彪形大汉，拳打脚踢在身上可能毫无效果，如果顶膝击裆或者肘击太阳穴就会一招制敌。

（4）利用一切可以利用的武器。包括远踢近打贴身摔、膝顶肘击反关节，甚至头撞、牙咬、指甲挠都可以。在李小龙的《精武门》里，李小龙扮演的陈真被敌人腿夹住而不能动弹，李小龙就咬了对手一口，从而摆脱了对手的控制，最终转败为胜。另外，还可以利用身边可以利用的物品当武器，如钥匙、雨伞、酒瓶子、木棒、砖头，等等，都能攻击敌人，胜于徒手。

第六节　自卫防身的攻击目标与攻击武器

基于自卫防身的法律规定和自卫防身的特点、原则，我们要合理地选择攻击目标和攻击武器，既能克敌制胜，又不致防卫过当。同时，了解人体要害和易受攻击的目标也可以提高自己的防护意识和防护能力。

李小龙在《截拳道之道》中收集了太极门之八死穴、螳螂派八打与八不打，对人体要害和攻击目标进行了概括。“八打”是指可以攻击的目标，“八不打”是指能致死致残的人体要害，不能随意攻击。下面简单阐述截拳道自卫防身时的攻击目标和最有效的攻击方法。

1. 膝关节、胫骨

截拳道把膝关节、胫骨作为攻击首选目标，原因有三：一是膝关节、胫骨离我方最近，以侧踢攻击符合截拳道“以最长武器攻击最近目标”的原则；二是对膝关节、胫骨的攻击动作隐蔽，不易防守；三是膝关节、胫骨皮下组织和肌肉都较薄弱，容易受伤，一旦受伤影响行动能力，对方的攻击力会大幅下降，但不会造成生命危险。对胫骨的攻击可采用前踢、侧踢、拦门踢，对膝关节攻击效果较好的是直踢、侧踢、拦门踢。

2. 眼睛

眼睛能引导人的行为，是人体重要而又脆弱的器官，一旦受伤，敌人就很难找到攻击目标，同时心理平衡、身体平衡都会被打乱，从而失去攻击能力。截拳道中，对眼的攻击方法有标指，标指速度快、攻击距离长。直拳也可以攻击眼部，对敌人眼睛撒把土、泼杯水也会收到很好的效果。

3. 裆部

裆是人体要害，首选攻击武器是顶膝。因为膝离裆部最近，提膝动作隐蔽。前踢也是攻击裆部的有效武器，但要调整好角度。在贴身时，以手抓裆也能制胜。

4. 鼻子

鼻子内毛细血管丰富，受到攻击很容易出血，即使不出血也会产生酸痛的感觉使人流泪，造成视线模糊，足以让敌人难以忍受。对鼻子的攻击可以用直拳、翻背拳，还可以用头撞。

5. 头侧部

头侧面有太阳穴、耳、下颌，受到攻击都会造成严重伤害。尤其太阳穴是死穴，很容易危及生命，要慎重选择。对头侧面的攻击有勾拳、翻背拳、横击肘、高位勾踢。

6. 下颌

下颌受到从下向上的攻击时，头后仰会压迫脊柱很多神经，很容易休克。一般下颌不易受到攻击，但上击拳、上击肘会造成严重打击。

7. 软肋

肋骨受到攻击很容易骨折，尤其下部的短肋，比较容易受到损伤。直拳、勾踢、侧踢的攻击都能对肋部造成威胁。

8. 心窝

就是胸骨剑突下正中凹陷处。该部位受到攻击会两眼发黑，突然窒息，甚至伤及性命。用直拳、直踢攻击效果最佳。

9. 后脑、咽喉、颈部

这几个部位也是人体的薄弱部位，受到攻击十分危险。在擂台搏击中，后脑是禁击部位，击打头部后方会伤及脑干和颈部脊柱，一旦受伤，轻者残疾，重者致命。咽喉是呼吸要道，被遏制很容易窒息。

自卫防身的攻击目标要根据敌人的暴力程度来选择，而且要控制好攻击力度合理地正当防卫，避免防卫过当。

第七节　自卫防身的必备素质

一、良好的身体素质

良好的身体素质是自卫防身的基础，技巧的发挥依赖于良好的身体素质。虽然，自卫防身术讲求以弱胜强，但是在强弱分明时，以弱胜强的难度和危险性是十分大的。只有强大自己，才不会轻易成为歹徒的目标，才会在自卫防身时占据优势。李小龙是一个身体很健壮的人（图1–2），原因是他很重视身体素质的练习，他每天都进行跑步、骑脚踏车、跳绳等有氧运动，提高腿部力量和心血管系统的功能。跳绳是一项很好

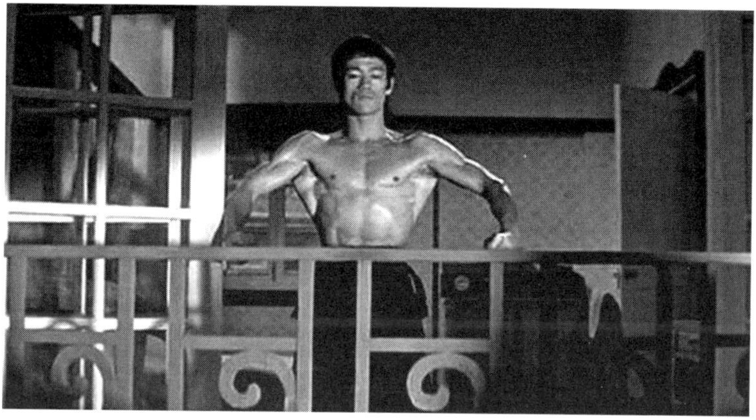

图1-2 李小龙的蝙蝠肌

的练习，不仅能增强耐力和腿部力量，还能提高身体的灵活性和平衡感。

二、良好的心理素质

面对突如其来的威胁，人们很容易恐惧、惊慌，出现心跳加快、身体发抖等现象。这虽然是人的正常反应，但是对自卫防身很不利，惶恐会使人高度紧张、手足无措，无法应对面前的一切。要克服恐惧、惊慌，也要不断训练。首先，正确对待突发事件，保持镇定。既然发生了就无法逃避，要勇敢地面对。生活中要树立安全防护意识，有意识地进行情景模拟练习，经常想一想遇到各种危险时应该怎么办。其次，是提高自身素质和技战术水平，树立自信心，在日常练习中强大自己，不断战胜身边的人，培养坚毅、勇敢、自信等心理品质。最后，记住“勇者无敌”，相信自己可以战胜一切。拳谚说“一胆二力三功夫”，自卫防身时，不能输了气势。歹徒也是遇弱则强，遇强则弱，当你气势盖过他们时，有可能会不战而胜。

三、洞察力

洞察力是视觉、触觉、听觉等运动感觉的综合感觉力。洞察力的提高可以使注意力集中，内心更加专注，通过观察对方的反应，判断对方的意图，洞悉对方的战略，从而采用有针对性的策略。

洞察力可以在生活中培养，保持对周围的环境、人的异常行为的警觉，并做出迅速的反应。在生活中，要“眼观六路，耳听八方”，当有人、车快速接近时要提高警惕；善于利用灯光、阳光观察影子，利用反光的物体观察背后。当确定出现危险时，要迅速做出防卫的准备。歹徒在不法侵害前，都会做贼心虚，表现出紧张、焦虑等情绪，在表情、行为上出现异常。在生活中，要学会察言观色，在公共场所选一个人作目标，观察他的表情、行动，判断他的意图并做出反应。

洞察力也可以在训练中培养。观察对手出拳或出腿时的预动，判断攻击方法和路线，迅速做出反应。合掌练习和反应靶练习对提高洞察力有很好的效果。

四、平衡能力

平衡能力是指抵抗破坏平衡的外力，以保持全身处于稳定状态的能力。几乎人的任何运动都是在维持身体平衡的状态下进行的，平衡是实战中起决定作用的因素，如果不能保持平衡，注定会失败。发展平衡能力有利于提高运动器官的功能和前庭器官的机能，改善中枢神经系统对肌肉组织与内脏器官的调节功能，保证身体活动的顺利进行，提高适应复杂环境的能力和自我保护的能力。平衡主要分为静态平衡和动态平衡两种。静态平衡是指人体在无外力的作用下，保持某一静态姿势，可以控制及调整身体平衡。动态平衡是指在外力的干扰下，身体的原有平衡被破坏后，通过不断调整自己的姿势来维持新的平衡的一种能力。

在学习截拳道自卫防身的过程中，要注意身体姿势：降低身体的重心，身体重心落在前脚掌上；两脚保持适当的距离；膝部保持弯曲；步法移动用快而小的步伐，切勿交叉。平衡能力的练习有单脚交换跳跳绳、控腿练习，在出拳、出腿时体会重心的变化，在姿势变换中保持平衡。

五、距离感

在截拳道中，所有的攻防技术的应用都涉及正确判断距离的技巧，维持适当的距离对胜负有决定性作用。攻击前要正确判断敌我之间的距离，判断正确才能给予对手有效攻击，一点小小距离的偏差，会使有力的进攻变得不痛不痒；防守时，正确判断敌我之间的距离，才能保证自己的安全而不失反击的机会。人是不断移动的，敌我双方都力图占据最有利的位置，距离是不断变化的，有经验的拳手不会停留在一个位置不动，因为一个移动的目标比较难被击中，处于运动中更容易发动进攻。截拳道的最佳距离是处于对手一拳打不到我，我上一小步即可以击中对方的位置，这个距离既可以攻又可以守。在防守时，不知道对方意图和本事高低时，要采用远的距离，以便了解对方的意图，在对方发起进攻时有充分时间防御。以肘、膝可触及的距离为近距离，进入近距离，优势在先下手一方。距离近不易防守，一旦进入近距离就要先下手为强，充分发挥肘、膝的优势。

良好的距离感体现在能否准确地控制敌我之间的距离，取决于对步法技术的掌握程度。要用自己的步法迷惑、扰乱对方的步法，使对方错判距离，占据优势。因此，在攻防时要以对方的前进和后退为依据，可以采用两人配合的步法练习培养距离感，一人随意移动，另一人根据对手的移动方向和距离移动，始终保持原有距离，这既能提高步法技术，又能培养良好的距离感。

六、节奏感

所谓节奏就是快慢的变换。在截拳道中是根据对方速度的快慢，调整我的速度，通过我的节奏变化打乱对方的节奏。对节奏的正确判断可以提高对拳脚的控制能力，从容地选择攻防动作。李小龙常用不规则节奏的方法使对手在精神上或肉体上失去平衡，并影响他的防守。

在截拳道中有“半次攻击”，即在攻击一半时突然停下来，诱使对方做出或停止防御动作，突然继续攻击动作，使对方失去防御的时机，使对方在精神和身体上失去平衡。如双方以警戒势对峙，我以前手直拳攻击对方，突然途中停住，当对方后手防御动作落空时，我再次加速出拳攻击，使对方无法再次防御（图1–3～图1–5）。

图1–3

图1–4

图1–5

还可以采用疾风暴雨式攻击，也就是不断地进攻、进攻、再进攻，不给对方喘息机会，使对方疲于防守，无法组织进攻。正如拳谚所说“乱拳打死老师父”。

第二章　截拳道自卫防身核心技术

所谓核心技术，就是截拳道中最基本的、最重要的、最具代表性的技术。这些并不是截拳道的全部，而是在初学截拳道时必备的，自卫防身中简单、实用的一部分技术。

第一节　警戒势

各种武术、搏击中都有一个预备姿势，或称起势，或称格斗姿势，或称对敌姿势。在截拳道中的预备姿势就是警戒势，又称摆桩。

截拳道的警戒势把较有力的手和脚放在前面。因为李小龙认为前面的手和脚最靠近目标，可以用最短的时间攻击最近的目标，有力的一侧置前使前手、前脚兼具力量和速度，有利于发出快速有力的攻击，截拳道中，百分之八十的打击要靠前面的手和脚来完成。这是与其他武术最大的区别之一。

一、警戒势的基本姿势

在截拳道发展的过程中，警戒势也是不断调整的，不同时期略有不同。截拳道练习者普遍接受的警戒势是《李小龙技击法》中李小龙的标准姿势。但是，到了截拳道发展的后期，李小龙更多地接受了击剑的影响，姿势稍有调整（图2–1、图2–1附图）。二者的区别主要是脚的站位，后期截拳道的警戒势两脚左右距离更小（图2–2为后期截拳道警戒势的站位、图2–3为《李小龙技击法》警戒势的站位），使身体几乎完全侧面对敌，这样所受攻击的范围更小，更有利于防守。

图2–1

图2–1附图

图2–2

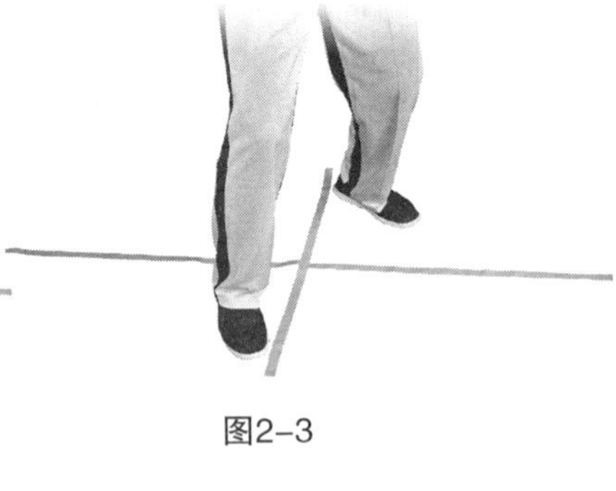

图2–3

【动作过程】

如图2–1所示，以右侧在前为例：两脚前后开立，两腿自然弯曲，侧身对敌；前手自然前伸，后手置于下颌前防护；目视前方。

【动作要领】

（1）两脚前后距离以自然的一步为准，重心在两脚之间，前脚尖对准后脚的中心；两脚尖斜向前，前脚与中心线角度为25°～45°，后脚与中心线角度约为45°；两脚脚跟稍抬起，膝盖稍弯曲，微内扣，保持身体的弹性，就像弹簧一样，一触即发，膝盖的弯曲内扣，有利于自我保护，减少被攻击时的伤害。

（2）两肘自然下垂，护住两肋；前手、前臂基本与地面平行，前手放松，食指如利剑指向对方，前手需保持不停微微晃动着，手的位置从较低的位置到肩膀的高度不断改变，随时准备发动攻击，这样可以使出拳速度更快些；后手前臂贴近身体，后手张开置于前肩内侧，护住头部。

（3）下颌内收，前肩微上抬，与后手共同形成牢固防护，避免下颌和咽喉受到攻击。

（4）两肩内扣，含胸拔背，目视对方，势如捕鼠之猫。

【动作应用】

双方对面站立。当对方欲对我发动进攻时，我迅速成警戒势姿势，做好攻防准备。（图2–4、图2–5）

图2-4

图2-5

二、生活中的警戒势

在生活中，我们不会始终保持警戒势姿势，遇到敌人时，摆出警戒势，也会使敌人提高警惕或使敌人提高危害等级，所以可以采用较隐蔽的警戒势。

【动作过程】

两脚前后开立，两腿自然弯曲，侧身对敌；两手自然放在胸前或者垂于体前小腹处；目视前方。（图2-6、图2-7）

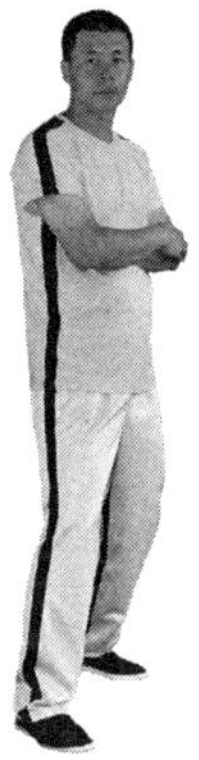

图2-6

图2-7

【动作要领】

两手在胸前时，注意两臂不要交叉，有力手放在外面；两手在小腹时，一方面护住裆部，另一方面也便于攻击对方裆部。无论哪种姿势都要侧身对敌，减少受攻击范围，两脚要小步移动，保持流动性，随时做好攻防准备。

【动作应用】

（1）双方对面站立。我两手放在胸前保持警戒状态，当对方一拳打来，我右手防守，左拳反击，两手不需要多余动作。（图2-8～图2-11）

图2–8

图2–9

图2–10

图2-11

（2）双方对面站立。我两手放在小腹前保持警戒状态，当对方一拳打来，我稍躲闪，同时，右手以低位翻背拳击打对方裆部。（图2-12、图2-13）

图2-12

图2-13

第二节　步法

武谚说："教拳不教步，教步打师父。"由此可见步法在武术中的地位，所以在传统武术中步法向来是不传之秘。李小龙也说："我的全部武功精粹就是两点——近身和发力。如果有人学到它们，则不管面对任何类型和等级的对手，他都能像闪电一样地贴近对方，并以霹雳般重击将对手击倒。"近身就要依靠步法，只有真正掌握了截拳道的步法，才能说是拥有了截拳道这一搏击武器。

在李小龙的电影中，我们可以看到他"飘若黄蜂，翩似蝴蝶"，运步轻松自如，富有活力和弹性，动作坚决、直接，犹如舞者。截拳道的步法在实战中虽没有那么飘逸，但确实要求短小、快速、直接，富于节奏和韵律。正像李小龙所说："截拳道中的步法，与其说复杂，不如说是趋向简单，动作愈小愈佳，以脚尖着地，与奇幻的拳配合不止的舞者。精简的步法不但可增加速度，而且可有足够的时间来回避对方的攻击。简单的步法原则是，移向对自己有利的位置，相反的对对方不利的位置。”

一、前、后滑步

截拳道前后移动不采用交叉步或跳步，而采用前、后滑步。滑步突出“滑”字，在移动过程中以两脚的前脚掌贴地滑行。

1. 前滑步

【动作过程】

由警戒势开始。后脚蹬地，前脚向前滑动大约半步，后脚立刻跟上，恢复警戒势。（图2–14 ~ 图2–16）

图2–14

图2–15

图2-16

【动作要领】

滑步时，以两脚前脚掌贴地滑行，滑动小而快速。两脚距离在移动前、后保持一致。移动时，身体姿势保持不变，重心不能有明显起伏。

【动作应用】

双方成警戒势。我欲攻击对方，采用前滑步接近对方，进入攻击距离。（图2-17、图2-18）

图2-17

图2–18

2. 后滑步

【动作过程】

由警戒势开始。前脚蹬地，后脚向后滑动半步，前脚迅速后撤，恢复警戒势。（图2–19 ~ 图2–21）

图2–19

图2–20

图2-21

【动作要领】

后滑步与前滑步要领相同。

【动作应用】

双方成警戒势。对方欲攻击我，我采用后滑步保持安全距离，使对方攻击落空。（图2-22、图2-23）

图2-22

图2-23

二、侧步

侧步是身体向左、右移动的步法，或称左、右滑步。在对手进攻时，可以通过侧步的移动躲开对方的攻击，同时找到反击的机会。

1. 右侧步

【动作过程】

由警戒势开始。左脚蹬地，右脚向右前方滑动一小步，落地的同时肩往右摆，重心移到前脚，左脚迅速向右滑动，恢复警戒势。（图2-24 ~ 图2-26）

图2-24

图2-25

图2-26

【动作要领】

侧步与身体的躲闪是配合的，在刚开始练习时，可以有意识地使头向滑步方向摆动。

【动作应用】

双方成警戒势。对方欲攻击我，我采用右侧步躲闪，使对方攻击落空。（图2–27、图2–28）

图2–27

图2–28

2. 左侧步

【动作过程】

由警戒势开始。右脚蹬地，左脚向左侧移动一小步，重心移到左脚，右脚迅速跟上，恢复警戒势。（图2-29～图2-31）

图2-29

图2-30

图2-31

【动作要领】

左侧步与右侧步动作要领相同。

【动作应用】

双方成警戒势。对方欲攻击我，我采用左侧步躲闪，使对方攻击落空。（图2-32、图2-33）

图2-32

图2-33

第三节 拳法

中国武术很推崇拳法，很多武术门类直接以拳命名。人的手在生活中应用最多，所以手是人体中最为灵活的武器。手型变化多，攻击角度丰富。

一、直拳

直拳又称冲拳，振藩截拳道中称冲捶，采用咏春拳中的“日字冲拳”，即立拳（拳眼向上，拳心向内）。直拳是截拳道的中坚拳法，集速度和力量于一体。两点之间直线最短，直拳从警戒势位置到击打目标路线是直线，距离最近，具有速度优势。直拳出拳犹如枪扎一点，力点集中，能更大地发挥出威力。直拳看似简单，但是易学难精。直拳的变化很多，击打目标可高可低，既可以攻击头部，也可以攻击胸部、腹部；直拳力量可大可小，既可以打快速的刺拳，也可以打出重拳；击打的距离可远可近，既可以放长击远，也可以贴身发力。

1. 前手刺拳

在截拳道中，前手直拳最能体现截拳道简单、直接、高效的特点。前手刺拳是一种快速、可靠的进攻武器，具有短促、准确、迅速的特点。

【动作过程】

由警戒势开始。前手成立拳，沿中线向前方目标直线冲出，击中目标后，迅速收回。（图2–34、图2–35）

图2–34

图2–35

【动作要领】

前手刺拳以干扰、试探对方为主，快出快收，随时做好下一步的攻击准备。

【动作应用】

双方成警戒势。我以前手刺拳试探性进攻。（图2–36、图2–37）

图2-36

图2-37

2. 前手重拳

【动作过程】

由警戒势开始。后脚蹬地，重心稍前移，以前脚为轴支撑，胯部拧转，前手拳快速冲出。（图2-38、图2-39）

图2-38

图2-39

【动作要领】

前手重拳出拳时，要以前脚脚掌为轴，催动上体顺肩，肘底发力，出拳犹如一个铁球抛出。前手刺拳和重拳区别在于是否转身发力，刺拳更注重速度，重拳更注重力量。在应用时，刺拳和重拳没有明显的界限，在刺拳试探对方没有及时躲闪或防守时，可以直接发力重击对方。

【动作应用】

双方成警戒势。我看准时机，以前手重拳进攻。（图2-40、图2-41）

图2-40

图2-41

3. 后手直拳

由于截拳道警戒势有力一侧置前，后手是不惯用的一侧，但是后手距离攻击目标远，发力距离长，拧转幅度大，便于发力。如果将后手直拳勤加练习，将全身力量集中于一拳，可以使其成为一击制敌的重要武器。

【动作过程】

由警戒势开始。后脚蹬地，重心前移，以后脚脚掌为轴，髋部顺时针拧转，前手回收防护，后手沿身体中线向正前方直线击出。（图2-42、图2-43）

图2-42

图2-43

【动作要领】

蹬地、转体、送肩、出拳动作连贯，一气呵成。后手直拳通常不直接使用，往往与前手拳结合，找到机会，连续攻击。

【动作应用】

双方成警戒势。我以前手刺拳干扰对方，当对方防守时，我以后手直拳攻击对方。（图2-44～图2-46）

图2-44

图2-45

图2-46

二、翻背拳

翻背拳在振藩截拳道中称为挂捶，又称轴击。翻背拳充分发挥以肘部为轴的弹抖力，出拳速度快、出拳路线刁钻，而且出拳隐蔽，是突发性最大的打法之一。

1. 高位翻背拳

【动作过程】

由警戒势开始。后脚蹬地，重心前移，肩顺势前送，前臂以肘为轴，迅速向前抽打，同时抖腕，力达拳背指根处。（图2–47、图2–48）

图2–47

图2–48

【动作要领】

出拳要有鞭打的效果，收拳犹如皮筋般弹回。翻背拳攻击对方面部正面时前臂立直，拳向前下方击打；攻击对方太阳穴及面部、下颌侧面，前臂成水平，拳从左向右击打。

【动作应用】

双方成警戒势。我趁对方不备，突然以高位翻背拳攻击对方面部。（图2–49、图2–50）

图2–49

图2–50

2. 低位翻背拳

【动作过程】

由警戒势开始。后脚蹬地，重心前移，前手拳向内拧转，肘在上拳在下，前臂以肘为轴，迅速向前抽打，同时抖腕，力达拳背指根处。（图2-51、图2-52）

图2-51

图2-52

【动作要领】

低位翻背拳是以拳攻击对方裆部，动作要隐蔽，发力快速、干脆。

【动作应用】

双方成警戒势。我快速以低位翻背拳攻击对方裆部。（图2-53、图2-54）

图2-53

图2-54

三、勾拳与上击拳

勾拳在振藩截拳道中称勾捶，又称平勾拳；上击拳又称上勾拳。把这两种拳法放在一起是因为勾拳与上击拳都是近战时非常有杀伤力的拳法，都是在屈臂状态下击打。

勾拳和上击拳在近战中很有杀伤力，在拳台上不可或缺。但是在街头格斗和自卫防身时，当进入勾拳和上击拳的攻击范围时，更提倡用肘法，因为肘的威力更大。所以建议以自卫防身为目的的截拳道练习者，勾拳和上击拳熟悉即可，可以把更多的时间用在肘法的练习上。

1. 前手勾拳

【动作过程】

由警戒势开始。后脚蹬地，以前脚脚掌为轴，向内侧合胯转腰，前手前臂抬平与肩高，前手拳成立拳，从右向左水平击打到中线，力达拳面。（图2–55、图2–56）

图2–55

图2–56

【动作要领】

勾拳上臂和前臂的夹角大于或等于90°，以身体的拧转带动拳击打。

【动作应用】

双方成警戒势。我以前手刺拳干扰对方，并接近对方，当对方被我干扰，我迅速变前手勾拳，从侧面攻击对方。（图2–57 ~ 图2–59）

图2–57

图2–58

图2–59

2. 后手勾拳

【动作过程】

由警戒势开始。后脚向内拧转，重心稍前移，后胯内合，转腰顺肩，后手拳屈臂，水平方向从左向右击打到中线，力达拳面，前手后收，成防护姿势。（图2-60、图2-61）

图2-60

图2-61

【动作要领】

后手勾拳要领同前手勾拳。

【动作应用】

接图2–59，当前手勾拳奏效后，后手勾拳紧随攻击。（图2–62）

图2–62

3. 前手上击拳

【动作过程】

由警戒势开始。重心稍前移，稍往下沉，前手拳同时下沉，后脚蹬地，前脚稍蹬地向内拧转，同时向内侧合胯转腰，带动前手拳屈臂从下向前上方击打，拳心向内，后手做好防护。（图2–63、图2–64）

图2-63

图2-64

【动作要领】

前手拳下沉动作不宜过大，屈肘时，上臂和前臂的夹角保持90°弯曲，充分利用蹬、转的力量。

【动作应用】

双方成警戒势。对方直拳攻击，我向右下方躲闪，然后以前手上击拳攻击对方下颌。（图2-65 ~ 图2-67）

图2-65

图2-66

图2–67

4. 后手上击拳

【动作过程】

由警戒势开始。后脚蹬地向内拧转，重心稍前移，后手拳稍下沉，紧贴身体，后胯内合，转腰顺肩，带动后手拳沿中线从下向前上方击打，高与嘴平，拳心向内，前手后收，成防护姿势。（图2–68、图2–69）

图2–68

图2-69

【动作要领】

后手上击拳要领与前手上击拳相同。

【动作应用】

双方成警戒势。对方直拳攻击，我以右手防御，同时后手上击拳击打对方肋部。（图2-70 ~ 图2-72）

图2-70

图2–71

图2–72

第四节 踢法

人的腿虽然没有手灵活，但腿的力量大，攻击范围远。如果再把腿练得像手一样灵活，那么踢法的威力远胜于手。有拳谚说："手是两扇门，全凭脚打人。""拳打三分脚打七。"所以踢法也是格斗中不可或缺的攻击手段。截拳道中踢法以前脚踢法为主，因为后脚向前运动时，会暴露出身体和裆部，前脚踢法可以用最接近对方的最长武器直接攻击最近的目标，是最有实效和杀伤力的。又有拳谚"好腿不过腰"，李小龙也强调低位踢击是最安全的，如果没有良好的柔韧性和足够的速度，就不要起高腿。在自卫防身时，以低、中位踢法为主。

一、前踢

前踢是最简单的一种踢法，甚至有的人没有专门练习也能做出前踢的动作，只不过动作不够准确。正因为前踢是接近于一种本能的动作，出腿速度快，预动小，在自卫防身时常能用到。

【动作过程】

由警戒势开始。前腿提膝，膝部自然弯曲，脚面绷直；髋部拧转，同时以膝关节为轴，前脚向前上方踢出，力达脚背。（图2–73～图2–75）

图2-73

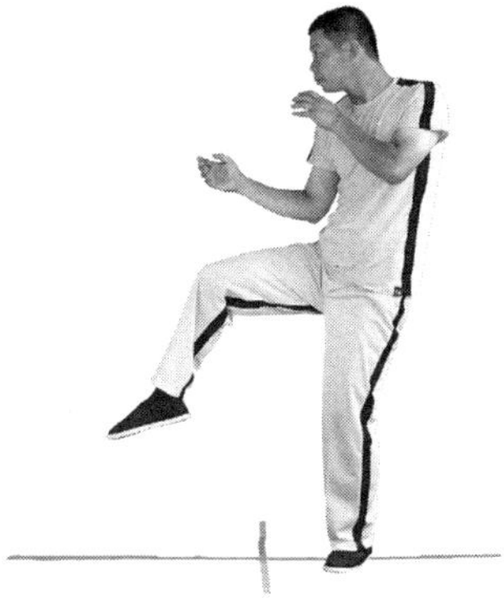

图2-74

图2-75

【动作要领】

提膝和弹踢同步，不可脱节，快出快收。

【动作应用】

（1）双方成警戒势，都是右式。我突然以前脚前踢攻击对方裆部，在提膝时，膝部要里扣，使脚向左前方踢出。（图2–76、图2–77）

图2–76

图2–77

图2–77附图

（2）双方成警戒势。对方采用左式警戒势，我以前脚前踢攻击对方裆部，在提膝时，膝部外展，使脚向右前方踢出。（图2–78、图2–79）

图2–78

图2–79

（3）双方成警戒势。我突然以前脚前踢攻对方小腿胫骨（图2-80、图2-81），如果穿的鞋够硬，效果更佳。

图2-80

图2-81

二、直踢

直踢是一种屈伸性腿法，与武术中的蹬踢相似，动作与前踢基本相同，只是力点在脚跟或前脚掌。它的优势在于易学、力量大。

1. 前脚直踢

【动作过程】

由警戒势开始。前腿提膝，膝部自然弯曲，脚尖勾起；髋部拧转，同时以膝关节为轴，挺膝送髋，前脚向前方踢出，力达脚跟或前脚掌。（图2-82～图2-84）

图2-82

图2-83

图2-84

【动作要领】

提膝与踢腿连贯，快踢快收。

【动作应用】

双方成警戒势。对方欲发动进攻，我以前脚直踢攻击对方腹部，进行截击。（图2-85、图2-86）

图2-85

图2-86

2. 后脚直踢

【动作过程】

由警戒势开始。后腿提膝，膝部自然弯曲，脚尖勾起；髋部拧转，同时以膝关节为轴，挺膝送髋，向前方踢出，力达脚跟或前脚掌。（图2-87 ~ 图2-89）

图2-87

图2-88

图2-89

【动作要领】

一般后脚直踢不单独使用，用于前脚直踢的后续动作。后腿提膝要快，从而弥补了转体时的空当，攻中有防。

【动作应用】

接图2-86，前脚直踢后，前脚落地瞬间，后脚迅速提膝，直踢对方胸腹部。（图2-90）

图2-90

三、侧踢

侧踢集攻防于一体，兼具速度与力量，是截拳道中威力最大、最为重要的踢法，备受李小龙的青睐。通常侧踢与步法相结合，利用身体的冲击力增强侧踢的攻击力。

1. 低位侧踢

【动作过程】

由警戒势开始。前腿自然提膝，拧腰合胯挺膝踢出，力达全脚掌，支撑腿稍弯曲，目视前方，双手做好防护姿势。（图2-91 ~ 图2-93）

【动作要领】

支撑脚基本不动，攻击腿提膝与踢出连贯，快出快收。

【动作应用】

图2-91

图2-92

图2-93

双方成警戒势。对方欲前进发动攻击，我迅速以低位侧踢攻击对方膝部。（图2-94、图2-95）

图2-94

图2-95

2. 中位侧踢

【动作过程】

由警戒势开始。前脚向前滑半步，后脚跟进，同时前腿自然提膝；后脚落步同时，前腿拧腰合胯挺膝踢出，力达全脚掌，支撑腿稍弯曲，上体稍向后倒，目视前方，双手做好防护姿势。（图2-96～图2-98）

图2-96

图2-97

图2-98

【动作要领】

在侧踢时，支撑脚以脚掌为轴拧转，脚尖方向与踢击方向相反，踢击腿展髋，纵深发力。

【动作应用】

双方成警戒势。我以前手刺拳佯攻对方，同时滑步向前以中位侧踢攻击对手的腰腹部。（图2-99～图2-101）

图2-99

图2-100

图2-101

四、勾踢

勾踢因攻击路线呈弧形、类似于勾拳而得名，在截拳道中和侧踢一样占有重要地位。勾踢更侧重于速度，常常在对方未防范之前就发起突袭，在踢完后还能很快还原。

1. 前脚勾踢

【动作过程】

由警戒势开始。前脚脚背绷直、提膝，以后脚脚掌为轴，向内转胯，前脚挺膝以脚背向内侧踢出。（图2–102～图2–104）

图2–102

图2–103

图2–104

【动作要领】

转胯、膝内扣、鞭打动作同步完成，快速踢打如同甩鞭子一样。

【动作应用】

双方成警戒势。我直接以前脚勾踢攻击对方腿部。（图2-105、图2-106）

图2-105

图2-106

2. 后脚勾踢

【动作过程】

由警戒势开始。重心向前脚移动，以前脚掌为轴，身体顺时针旋转，带动后腿提膝前摆，在接近目标时，后腿合胯挺膝，向前上方踢出，力达脚背。（图2-107～图2-109）

图2-107

图2-108

图2-109

【动作要领】

支撑腿以前脚掌为轴，快速旋转，以转体带动摆腿，动作连贯。

【动作应用】

接图2-106，我以前脚勾踢吸引对方注意力，然后以后脚勾踢攻击对方肋部。（图2-110）

图2-110

五、拦门踢

拦门踢又称拦门脚，是截拳道中为数不多的以后脚进攻的踢法之一。主要适用于中近距离，截击对方的低位腿法，具有出腿隐蔽的特点。

【动作过程】

由警戒势开始。重心前移，前脚稍屈膝支撑，后脚提起脚尖斜向上，经前脚内侧向前下方踢出，力达全脚掌，高与膝平，目视前方，双手做好防护姿势。（图2-111～图2-113）

图2-111

图2-112

图2–113

【动作要领】

拦门踢的发力有两种方式：一种是以小腿的快速弹抖为主，可以截击对方低位踢法，也可以攻击对手的膝关节和胫骨，快速攻击，一击即收。另一种是以大腿催动小腿的踩踏为主，通常重心前移，借助身体重力向下踩踏，主要用于攻击膝关节和胫骨，从膝沿胫骨向下，直到脚背。

【动作应用】

双方成警戒势。当对方提膝欲发动进攻，我迅速以拦门踢截击。（图2–114、图2–115）

图2–114

图2–115

第五节　肘、膝法

在截拳道中，攻击武器以拳脚为主，但在自卫防身时，往往贴得很近，这时近战武器肘、膝就会发挥出巨大威力。泰拳就是以犀利的肘法、膝法称霸世界拳坛。截拳道也不会忽视这一近战武器。

一、肘法

拳谚说：“宁挨十手，不受一肘。”肘关节屈曲后，突起的部位称“鹰嘴骨”，是人体骨骼中最坚硬的部分。肘部不需要专门训练就可以直接应用于自卫防身，即使一个未曾经过搏击训练的人，一肘也足以将对手打倒。而且肘击是以肩带肘便于发力，具有出招快、力度凶悍的特点，在贴身近战中威力巨大。

1. 横击肘

横击肘又称扫肘、平肘，与勾拳的发力相同。

【动作过程】

由警戒势开始。以前脚的前脚掌为轴，向内侧合胯转腰，前手前臂抬平与肩高，前手肘从右向左水平击打到中线，力达肘尖，后手做好防护。（图2–116、图2–117）

图2–116

图2–117

【动作要领】

以转体带动肘的摆动。

【动作应用】

双方成警戒势。我前滑步靠近对方，以后手封住对方前手，以前手横击肘攻击对方头部。（图2–118、图2–119）

图2–118

图2–119

2. 上击肘

上击肘又称挑肘，与上击拳发力相同，用于攻击对手下颌、腹部。

【动作过程】

由警戒势开始。前手以肩为轴，前臂向上臂折叠屈肘，后脚蹬地，前脚稍蹬地向内拧转，同时向内侧合胯转腰，带动前手肘从下向前上方击打，力达肘尖，后手做好防护。（图2-120、图2-121）

图2-120

图2-121

【动作要领】

向上击肘要以肩关节为轴，向前送肩。

【动作应用】

双方成警戒势。对方前手拳打来，我后手防御，前手以上击肘攻击对方下颌。（图2-122～图2-124）

图2-122

图2-123

图2-124

3. 砸肘

砸肘是由上向下攻击，借助身体下压的力量，力量非常大，是十分凶狠的招法。

【动作过程】

由警戒势开始。前手屈肘稍抬，然后身体左转，重心下沉，以肘尖向下砸击，力达肘尖，后手成防护姿势。（图2–125～图2–127）

图2–125

图2–126

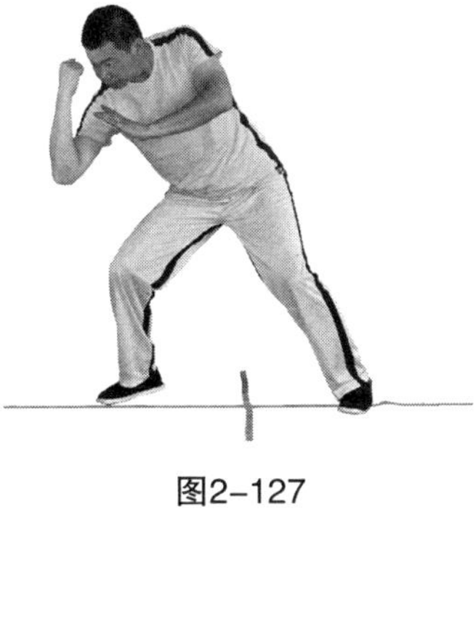

图2–127

【动作要领】

下砸时，重心下沉以增加威力。

【动作应用】

双方成警戒势。对方下潜欲抱摔，我以下砸肘击打对方背部。（图2–128 ~ 图2–130）

图2–128

图2–129

图2–130

4. 反肘

反肘是攻击背后敌人的肘法，从前向后攻击。

【动作过程】

由警戒势开始。后手屈肘平抬，身体向后拧转，带动后手屈肘水平向后击打，力达肘尖，前手后收，成防护姿势。（图2–131～图2–133）

图2–131

图2–132

图2-133

【动作要领】

后击肘动作要领与横击肘相同。

【动作应用】

（1）当对方从背后抱住时，我双臂在外，右手屈肘平抬，身体向右后拧转，右手肘向后方击打，力达肘尖。（图2-134、图2-135）

图2-134

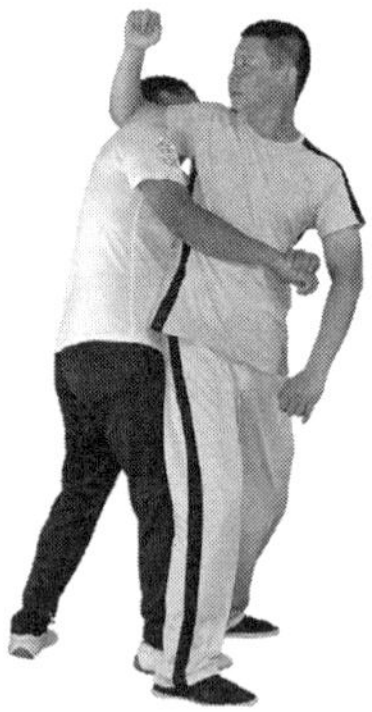

图2-135

（2）当对方从背后抱住时，我双臂不能动，这时，我重心下沉，改变力的方向，身体向右后方拧转，右臂用力屈肘，以肘尖顶撞对方肋部。（图2–136、图2–137）

图2–136

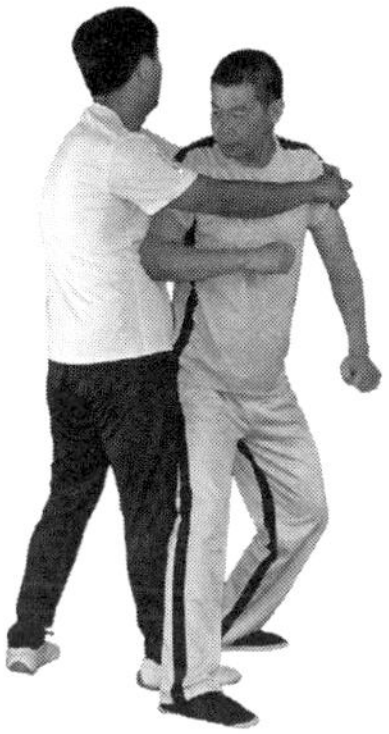

图2–137

二、膝法

膝位于人体下方，进攻时隐蔽性好，而且膝盖坚硬，力量比手脚都大，杀伤力极大，是天然的近战武器。

1. 直膝

直膝又称顶膝，因膝部离对方裆部最近，所以裆部是直膝攻击的首要目标。

【动作过程】

由警戒势开始。重心移到后脚，前腿直接向上提膝，脚面绷直，迅速收腹折髋，以膝盖为力点，直线向上撞击，稍高于腰。（图2–138、图2–139）

图2–138

图2–139

【动作要领】

双手配合下拉与直膝形成合力，效果更佳。

【动作应用】

双方缠抱时，我双手箍住对方颈部，用力下拉，同时直膝攻击对方胸、腹部。（图2–140、图2–141）

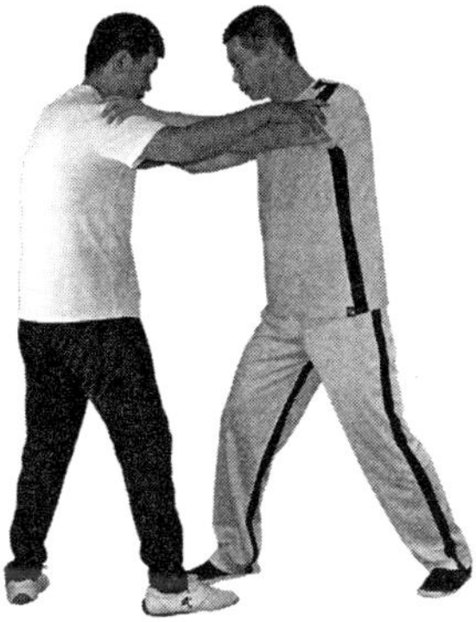

图2–140

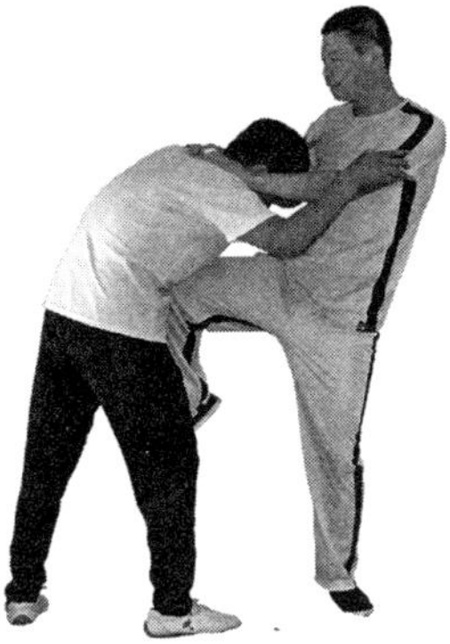

图2–141

2. 侧膝

【动作过程】

由警戒势开始。重心移到后脚，身体稍左转，前腿提膝内扣，脚面绷直，以膝盖为力点，由右向左上方撞击，稍高于腰。（图2–142、图2–143）

图2–142

图2–143

【动作要领】

练习侧膝时，要注意以身体带动，支撑脚随之转动。

【动作应用】

双方缠抱时，我保持平衡的同时，以侧膝攻击对方肋部。（图2–144、图2–145）

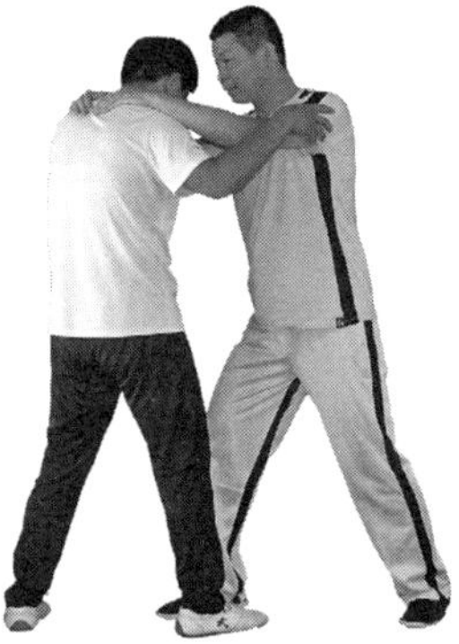

图2–144

图2–145

第六节　防御技术

防御技术是避免、减少自身受到攻击，使自己得到保护的一种手段。人们常说：进攻是最好的防守。在截拳道中，这句话得到了充分肯定。李小龙常把进攻作为防御手段。截拳道中没有单一的、消极的防御，通常是攻守同时，攻中有防，防中有攻，连消带打。

一、手法防御

手法防御是以手的动作格挡开对手的直接打击，是截拳道防御技术的重要组成部分。相对来说，手法防御是一种比较安全的防御手段。截拳道的防御手法最初源于咏春拳的摊手、膀手、圈手、护手、伏手、拍手等，继承了“不动肘原理”，即在手法防御时，以肘为轴，肘部基本保持不动，以手部进行格挡防御。在肘不动的基础上，还遵循“四门原理”：手的防御动作“高不过眉、低不过裆，左右不过肩”。

1. 前、后手高位拍手

【动作过程】

由警戒势开始。前手成立掌，以肘为轴，由中线向左拍击至左脸颊旁，力达全掌，目视前方。后手动作相同，方向相反（图2-146～图2-148）。此动作用于防御对头部的攻击。

图2-146

图2-147

图2-148

【动作要领】

高位拍手高度不超过眉，左右不过肩，肘部发力、动作轻快，使对方攻击偏离目标即可。

【动作应用】

双方成警戒势。对方用前手直拳进攻，我以后手高位拍手防守。（图2-149、图2-150）

图2-149

图2-150

2. 前、后手摊手

【动作过程】

由警戒势开始。前手成掌，以肘为轴，腕关节顺时针向外拨至右肩侧，掌稍外撑，掌心向上、向下、向前均可，目视前方。后手动作相同，方向相反（图2-151 ~ 图2-153）。此动作用于防御对头部的攻击。

图2-151

图2-152

图2–153

【动作要领】

以肘为轴，肘部基本保持不动，防御时，腕关节旋转有利于卸力。

【动作应用】

双方成警戒势。对方用前手直拳进攻，我以后手摊手防守。（图2–154、图2–155）

图2–154

图2-155

3. 前、后手低位拍手

【动作过程】

由警戒势开始。前手成掌，以肘为轴，由中线向下小弧度拍至腰的高度，力达全掌，目视前方。后手动作相同，方向相反（图2-156～图2-158）。此动作用于防御对胸、腹部的攻击。

图2-156

图2-157

图2-158

【动作要领】

向下拍手动作不宜过大，低不过裆。

【动作应用】

双方成警戒势。对方中位直拳击打我腹部，我以低位后手拍手防守。（图2-159、图2-160）

图2-159

图2–160

4. 前、后手括手

【动作过程】

由警戒势开始。前手肘部稍向外抬，以肘为轴，前手成掌以半圆形从上向下向外拨挡至大腿外侧，力达全掌，目视前方。后手动作相同，方向相反（图2–161～图2–163）。此动作用于防御对胸部以下的攻击，包括中位的踢法。

图2–161

图2–162

图2-163

【动作要领】

以肘为轴，向下划弧，左右不过肩。

【动作应用】

双方成警戒势。对方以前脚攻击我腰、腹部，我以前手括手防守。（图2-164、图2-165）

图2-164

图2–165

二、躲闪

躲闪是人面对攻击的本能反应，如果再稍加训练就会成为一种非常实用的防御手段。躲闪不与对手发生身体接触，安全、省力。

1. 移动躲闪

在截拳道的防御体系中，有一种非接触的防御，就是利用距离躲避对方的攻击。应用距离来做防御必须配合正确的步法移动。一来移动的目标不易被击中，二来通过步法移动可以躲避对手的攻击，避其锋芒并获取反击的有利时机。往往适当地后退一小步就可以化解对方有力的攻击，既节省了体力又使自己处于有利的反击位置，减少了手的防御动作，双手就可以随时发动攻击。在这里重点练习钟摆步。钟摆步，顾名思义就是像钟摆一样摆动，常用于纵深性快速攻击的防御，所以躲闪的速度也要够快。

【动作过程】

由警戒势开始。前脚贴地后滑，在前脚将要接触到后脚时，后腿向后上方弧线摆起，如同钟摆的摆动，重心落在前脚上，身体稍前倾。（图2–166 ~ 图2–168）

图2–166

图2–167

图2–168

【动作要领】

摆动动作放松、轻巧，保持好平衡。

【动作应用】

双方成警戒势。对方前脚攻击我腿部，我迅速钟摆步向后躲闪；在钟摆步后退躲过对方攻击之后，后腿不落地，像钟摆一样向前下方摆动，在将要接触前脚时，重心移到后脚上，身体稍后倾，同时前脚迅速提膝，向前踢出，趁对方立足未稳立即反击。（图2-169～图2-171）

图2-169

图2-170

图2-171

2. 侧闪

【动作过程】

由警戒势开始。左侧闪时身体稍左转，头随着向左偏移，稍屈膝，两手做好防护，目视前方；右侧闪时身体右转，左脚拧转，头随着向右偏移，左肩朝前，左手在前，右手回收防护。（图2-172～图2-174）

图2-172

图2-173

图2–174

【动作要领】

侧闪通过头部的移动躲开对头部的攻击。

【动作应用】

（1）双方成警戒势。对方前手直拳攻击我头部，我向右侧闪，同时后手直拳攻击对方肋部。（图2–175、图2–176）

图2–175

图2–176

（2）双方成警戒势。对方前手直拳攻击我头部，我向左侧闪，同时前手直拳攻击对方肋部。（图2–177、图2–178）

图2–177

图2-178

3. 后闪

【动作过程】

由警戒势开始。重心移到后脚，上体稍后仰，颈部绷紧，下颌内收（图2-179、图2-180）。后闪主要应用于对高位攻击的防御。

图2-179

图2-180

【动作要领】

后闪时，动作幅度不宜过大，腿部、腰部保持弹性，后闪后立刻回身，以便迅速发动攻击。

【动作应用】

双方成警戒势。对方直拳攻击我头部，我迅速后闪，躲开对方攻击，然后后脚蹬地，迅速弹回，以前手直拳反击。（图2–181 ~ 图2–183）

图2–181

图2–182

图2-183

4. 下潜

【动作过程】

由警戒势开始。双腿屈膝下蹲，身体稍前倾，双手护住头部，两眼盯住对方（图2-184、图2-185）。下潜对防御高位攻击有较好的效果。

图2-184

图2-185

【动作要领】

下潜时，不要低头，目视对方，膝部要保持弹性。

【动作应用】

双方成警戒势。对方直拳攻击我头部，我下潜躲过攻击，下潜同时前脚上一步，以前手上击拳攻击对方下颌。（图2–186～图2–188）

图2–186

图2–187

图2-188

5. 提膝

【动作过程】

由警戒势开始。重心移到后脚，前腿屈膝提起，后脚独立支撑（图2-189、图2-190）。提膝可以躲开对方对膝、胫骨的攻击，也可以抵挡踢向腰、腹部的踢法。

图2-189

图2–190

【动作要领】

提膝快，保持好平衡。

【动作应用】

双方成警戒势。对方低位侧踢攻击我膝部，我迅速提膝躲过攻击，趁对方落脚未稳侧踢对方腹部。（图2–191 ~ 图2–193）

图2–191

图2-192

图2-193

第三章　截拳道自卫防身专项练习

第一节　警戒势的训练

警戒势是截拳道最基础的技术，是一切攻防技术的起点和终点。警戒势是最能使自己的技术与技巧发挥至极限的姿势。良好的警戒势可以减少无效动作，无论是进攻还是防守，都不需要调整姿势，有利于快速进攻和防守。

一、规范动作

练习警戒势首先姿势要正确。在地上画十字线，摆好脚的位置，然后对照动作要领，做出正确姿势。在掌握动作要领的基础上，要不断检查，纠正错误动作。有老师指点最好，如果身边没有老师，可以让别人对照标准姿势，指出不足。如果一个人练习，照镜子是个很好的方法，通过观察镜子的动作自我检查，不断调整。经过反复练习，要使动作形成定型。

二、身体适当放松

由于警戒势身体处于放松状态，能很好地避免体力消耗，既可以快速移动，又能保持身体平衡，使攻击快速有力。所以，练习警戒势必须能使自己完全放松，使自己肌肉能有最快反应。可以借鉴传统武术练习站桩的方法，长时间练习，体会肌肉感觉，身体放松，肢体协调，通过两脚前后轻微蹬地，体会重心的变化。也可以在自然站立或行走中突然成警戒势，然后放松行走，在松与紧的变化中找到放松的感觉。

三、与攻防技术结合练习

站好警戒势，可以假想对面有人发动攻击，我针对对方的攻击迅速做出反应，防守之后迅速恢复警戒势。还可以练习由警戒势直接发动进攻，在出拳、踢腿后，快速回到警戒势，逐渐地减少出招与收招的时间。在练习攻防过程中，应当使警戒势改变最小，出拳、踢脚时，并不改变对敌的姿势。在以后的截拳道技术练习过程中都要练习警戒势，要养成保持警戒势的良好习惯。

第二节　步法的训练

步法就是移动之法，移动就是要达到一个适当的位置，这个适当的位置就是和对手保持良好的距离。对于距离，李小龙解释说："距离是敌我双方连续移动的关系，依敌我双方之速度、灵活与控制力之程度而定。常常是快速、经常的移动，寻求最有利的距离，增加攻击对方的机会。"搏击本身就是变换不定的，任何一种搏击术都是处在不断变化和运动中进行攻防的，需要经常移动，变换着位置，控制好敌我之间距离，随时避开攻击或寻找目标攻击。所以李小龙说“搏击的精义就是移动的技巧”。他在截拳道中，特别重视步法的移动，把缺乏灵活的步法比喻成无法移动的大炮和在错误时间、错误地点办案的警察。

一、要掌握正确的步法移动方法

截拳道的步法有很多种，最基本的无非是前进、后退和左右移动，也就是前滑步、后滑步和侧步，它们最能体现截拳道的特点。在练习步法时，练习者脚部的位置必须能快速地向任何方向移动，并且能很好地保持平衡身体，防御由任何方向来的攻击。小而快速的步法是保持完美平衡的唯一方法，移动相同的距离，宁可用两步移动也不要直接用一大步移动。截拳道中的平衡是动中求稳，这样的平衡有利于进攻和反击。脚掌切忌完全平贴地面，必须仅以脚前掌来着地，双腿微曲，重心要在两腿之间。移动时，两脚贴地滑行，使移动像弹簧一样，随时能加快速度，在情况改变时也能随时停止。

二、步法与拳法、腿法配合练习

在学会步法的基础上，还要练习步法与拳法、腿法的配合。因为移动的目的是为寻找进攻或反击的有利位置，利用有力的打击战胜对方，如果只是单纯移动就失去了意义。一个人的手法、脚法技巧依赖于步法的运用，一般步法移动要在出拳与踢脚之前，达到了适当的位置并保持良好的平衡，这样出拳和踢击才有速度和力量。

三、两人控制距离练习

步法的作用在于控制距离，练习步法要注意距离感的培养。要锻炼能随时保持正确距离的感觉，通常可以两个人配合进行控距练习。两人警戒势站好，以一人为主动，突然移动，另一人根据对方移动的方向、距离，迅速做出判断并移动，使两人始终保持原有的距离（我前滑步靠近对方，对方迅速后滑步后退；我后滑步后退，对方前滑步跟进）。在训练中观察对方的前进与后退的特征、模式，变换步法移动的长短与快慢，根据对方移动的方向、速度、距离调整自己的步法，敌退我进、敌进我退，始终保持适当的距离，最终把对距离的调整形成一种本能。

倘若没有同伴配合练习，也可以做假想练习。假想对面站立着一个极为灵活的对手，他随时都在轻盈地移动，你要使自己的步法更加灵活。

四、跳绳练习

跳绳也是步法训练的一个较好的辅助方法。跳绳可以增强平衡感，增强耐力，使脚下更轻盈、更灵活、更有弹性。练习跳绳要减少腕、臂摆动的幅度，加强脚下的变化和节奏，可以单脚交换跳，也可以加上步法的前后移动跳，最重要的是前脚掌着地，跳起时，脚微离地面，使绳子刚好通过。（图3-1）

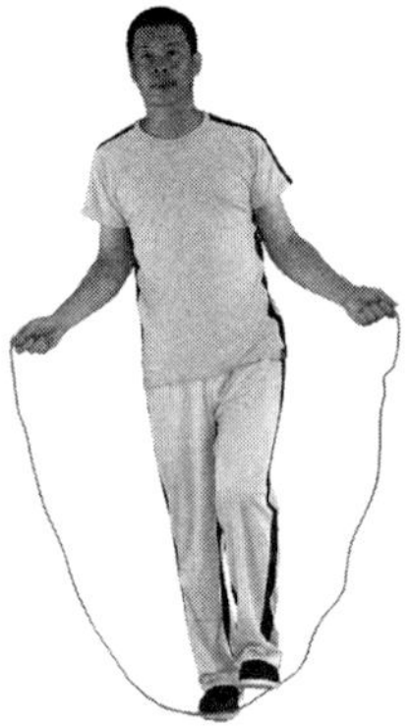

图3–1

五、在实战中练习

当然，要验证是否真正掌握了截拳道的步法，还是要通过实战去检验。每个人都有自己最为适当的攻防距离，你的移动一定要根据对方的情况来决定，这绝不是靠想象能体验到的。真正的搏击瞬息万变，要依靠本能的反应，步法运用必须能在极快的瞬间改变移动至任意方向。

第三节　拳法的训练

一、加强腕部、肘部、前臂力量练习

增强腕部、肘部、前臂力量，对增加出拳的力量有很大帮助。在用拳攻击对方的同时，自己也要承受对方的反作用力。如果腕力不够，很容易受伤。

1. 拳卧撑

截拳道直拳采用日字立拳，需要肘部支撑发力。所以，可以经常做一些拳卧撑，增强腕部、肘部的支撑力。（图3–2、图3–3）

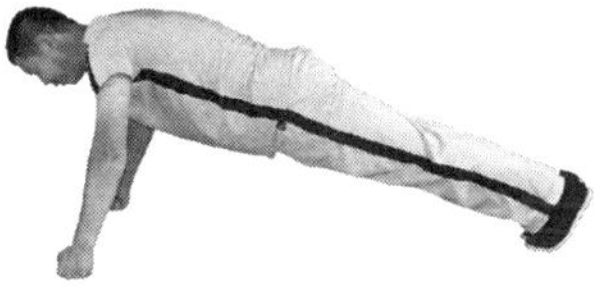

图3–2

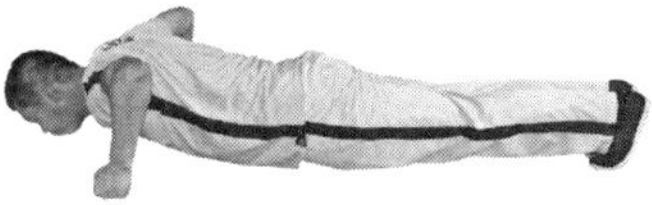

图3–3

2. 腕部屈伸练习

可以利用小哑铃做腕部屈伸练习，增强腕部力量。（图3–4、图3–5）

图3–4

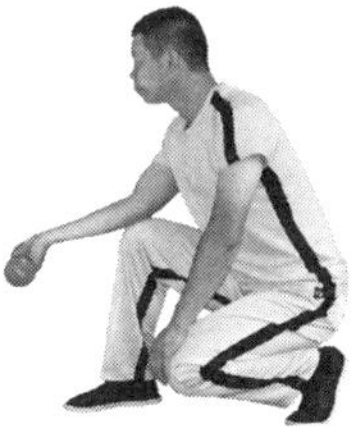

图3–5

3. 卷腕练习

在一根短棒中间系一根绳子，绳子另一端与哑铃等重物相连，两手手心向下分握短棒的两端前平举，与肩同高、与肩同宽（绳子的长度以哑铃离地20厘米左右为宜，图3–6）；臂不动，通过腕关节的屈伸，用前臂的力量同时向上、向内翻卷，使哑铃上升，直到触到短棒（图3–7），然后反方向翻卷使哑铃下放至原位。练习中，肘关节不能弯曲，身体立直；下放时要抓紧，不能松手利用重力使哑铃下放。卷腕练习有利于强化手腕、前臂肌肉力量。

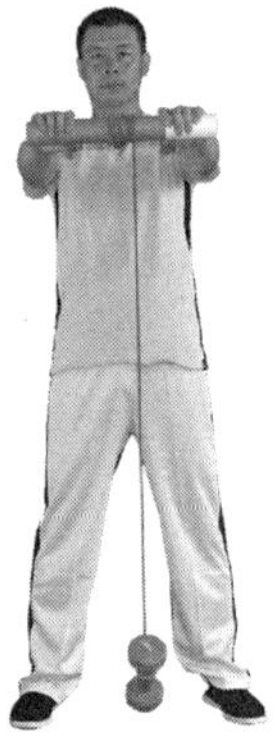

图3–6

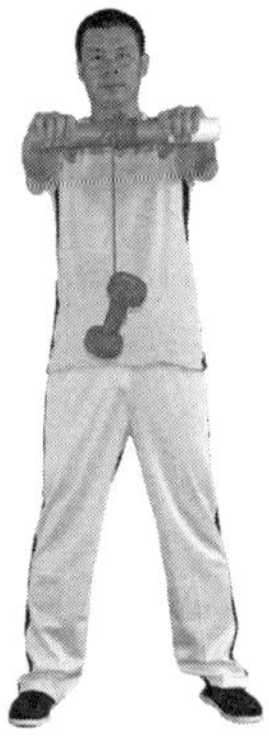

图3–7

二、出拳速度练习

1. 隐蔽出拳

在出拳时要减少动作的预兆。无论什么技术动作练习，首要的是保证动作正确。有的人在出拳时，习惯先将拳收回一些以便蓄力，但这样很容易让对手观察到，提前做好准备。因此，直拳练习时，由警戒势开始不要有任何多余的动作，做慢动作练习，逐渐加快速度，快出快收。然后，再放慢速度，检查动作是否正确，快慢结合。翻背拳更要隐蔽出拳，出拳不要有预动，不要有多余动作。无论是从警戒势开始，还是手臂自然下垂时，都不用调整手的位置，可以从肩部发出，也可以从腰间发出。

2. 合掌练习

合掌练习对提高练习者的反应速度、动作速度、洞察力以及出拳的隐蔽性都十分有益。

两人配合，一攻一防。防守方左右开立，与肩同宽，两手手心相对，与肩同宽、同高，置于体前。进攻方成警戒势，对准防守方中线，相距一个前手直拳但打不到对方的距离。练习开始，进攻方以前手直拳从防守方两手之间进攻对方面部或身体，防守者两手快速向内合掌拍夹对方拳头，进攻方则快出快收，尽力不让对方拍到（图3-8、图3-9）。进攻方练习要减少出拳的预动，隐蔽出拳，出拳要经过对方两手，不能中途收回；防守方两手要放松，要注意观察对方动作，及时做出反应。防守方两手的距离可以根据对方的速度调整，如果对方速度快，总拍不到，可以缩短两手距离，如果总能拍到对方，可以加大两手距离，提高难度。

图3-8

图3-9

3. 负重练习

通过负重练习提高出拳的速度力量。用一对小哑铃握在手中，进行各种拳法练习，然后徒手练习，快速出拳，减重提速。可以练单个动作，也可以打组合拳。如先手持小哑铃进行连续直拳练习（图3–10、图3–11），然后徒手练习。

图3–10

图3–11

4. 练习鞭打力量

一种提高速度的方法是在击中目标前的瞬间，手或脚猛然抖动发力，如同挥动鞭子一样。翻背拳以肘部为轴，最大限度发挥快速的鞭打力量。就像用鞭子一样，前臂是鞭杆，拳头是鞭梢，速度一定要快。可以拿一条毛巾，用翻背拳的动作往外甩，体会鞭打的感觉（图3–12）；还可以点一支蜡烛，用直拳、翻背拳快速击打，用拳风将蜡烛熄灭。

图3–12

三、拳与步法练习

在学习了拳法和步法后，就要将两者结合练习。人是活的，在攻防过程中会不停地移动，只有在移动中攻防，所用的技术才能奏效。所以，拳法、踢法、防御技术都要和步法配合练习。移动中的攻防动作与原地的练习略有不同。下面以直拳为例，分析拳法与步法的配合练习，练习者举一反三，自行体会其他拳法与步法的配合。

1. 前滑步前手直拳

成警戒势。后脚蹬地，同时前手直拳打出，带动前脚向前滑动；当前脚着地瞬间，后脚迅速跟上，以前脚掌为轴，拧腰合胯顺肩，催动肘部向前发力，力达拳面（图

3–13 ~ 图3–15）。拳法与步法的练习要坚持拳领先的原则，把出拳的力量和向前移动的冲击力结合在一起，这样的拳才更有威力。

图3–13

图3–14

图3–15

2. 后滑步前手直拳

成警戒势。前脚蹬地，同时前手直拳打出，后脚向后滑动；当后脚着地时，前脚后滑，稍微拧腰顺肩，催动肘部向前发力，力达拳面。（图3–16 ~ 图3–18）

图3–16

图3–17

图3–18

3. 侧步前手直拳

成警戒势。前脚向右移动，同时前手直拳打出，当前脚着地瞬间，以前脚掌为轴，拧腰合胯顺肩，催动肘部向前发力，力达拳面；后脚迅速跟上（图3–19～图3–21）。左侧步练习动作相反。（图3–22～图3–24）

图3–19

图3–20

图3–21

图3–22

图3-23

图3-24

四、纸靶练习

所谓纸靶就是用纸做的靶子，是在截拳道中经常用到的训练器材，用来提高出拳、踢击的速度、力量。这是一种极好的训练装置，不仅经济、实用，易于制作，而且对增强打击速度、提高训练兴趣都是十分有益的。制作纸靶可以找旧报纸若干张，剪裁成大约20厘米×28厘米大小，单人练习时在纸上系一根绳子，挂在高处；两人练习可以一人持靶，一人练习。纸靶的高度根据所练内容决定，如练习高位拳法，纸靶与头同高，练习中位拳法，纸靶与胸、腹同高。

1. 转髋练习

两脚平行站立，左右分开略宽于肩，身体重心平均分配在两脚之间，距纸靶约17～25厘米；两手半握拳放于下颌两侧，拳心相对，两肩内扣下沉，两肘自然下垂；两膝稍弯并内扣；下颌内收，头上顶，目视前方。左脚不动，右脚以前脚掌为轴向内旋转90° ，同时身体逆时针旋转，两肩水平转动，身体面向左侧，与纸靶成90° ，重心移到右脚，膝关节稍微弯曲。髋部突然转动，使身体重心迅速移到右脚，两脚以脚趾（重心眼）为轴旋转，髋部带动肩自然转动，身体旋转180° ，转向右侧；当身体旋转时，左肘抬至与肩同高，刚好用肘部击向纸靶。然后，身体左转，用右肘击打纸靶，动作相同，方向相反（图3-25～图3-28），左右反复练习。在练习中要注意，眼睛始终要盯住目标，髋要比肩先动，以髋带肩。

图3-25

图3-26

图3-27

图3-28

当能控制身体后，就可以练习拳法了。距离纸靶50～60厘米，把肘的动作换成直拳、翻背拳、勾拳、上击拳等。练习中身体与目标成一直线，由髋部发力，保持好平衡，动作协调连贯。

2. 直拳练习

由警戒势开始，以直拳击打纸靶（图3-29）。用纸靶练习拳法时，开始时不宜用力，先注意动作的准确性，然后体会转腰、顺肩、前臂内旋，逐渐加快速度，接触纸靶的瞬间同时握紧拳头，以拳击打纸靶，感受拳的力点，逐渐加快速度。用纸靶练习可以提高动作速度，动作慢纸靶就会被推开，动作快纸靶会发出“啪啪”的声音，通过声音可以判断动作是否正确，速度够不够快。

图3-29

另外一种方法就是改变持靶方法。两人练习，一人双手持靶，将纸靶两端都固定，另一人进行“击破”练习（图3–30、图3–31）。速度够快就可以将纸靶打破，还可以逐渐增加纸靶的厚度增加击破的难度。

图3–30

图3–31

3. 翻背拳练习

由警戒势开始，以直翻背拳击打纸靶。动作要领与直拳练习基本相同，根据翻背拳的变化，纸靶的位置也要跟着变化：高位翻背拳纸靶要在头的高度（图3–32），低位翻背拳纸靶就要低一些。（图3–33）

图3–32

图3–33

五、墙靶练习

墙靶练习是一个很好的练习。墙靶是李小龙常用的练习器械，就是用帆布袋子装上沙子，固定在墙上（图3–34）。由于墙靶是不能移动的，击打力量越大，反作用力也越大，对提高拳的抗阻能力有很大帮助，同时锻炼拳的硬度。开始可以戴上薄的拳套击打，拳头的骨关节够硬了，就可以直接赤拳击打了（图3–35 ~ 图3–37）。练习时用力要适当，做好腕部和拳面的保护，以免受伤。

图3-34

图3-35

图3-36

图3-37

六、手靶练习

打靶练习是现代搏击训练的重要手段之一。以靶代替攻击目标，可以保证练习者以最大能量的击出，体会技术发挥作用的本体感觉，练习击靶可以检验击靶时的技术规范程度，提高动作的准确性。由于靶是活的，可以不停地调整靶位，让练习者去适应多角度的攻击技术，从而提高对抗能力。

打靶练习要做到稳、准、狠。稳是动作要正确，不要因为靶的移动而变形；准是要求击打靶心，与靶面接触的接触面要准；狠是要有意识地力透靶背，练习击打的穿透力。练习中，两人要互相配合，根据不同的练习目的，采用不同的靶位和出靶方式。打靶练习可以从固定靶开始，逐渐过渡到移动靶，还可以练习反应靶。

手靶相对较小，靶面稍有弧度，更适合不同角度的出拳，对提高出拳准确性、速度、力量都有作用。

1. 固定靶练习

直拳、翻背拳。（图3–38、图3–39）

图3–38

图3–39

2. 移动靶练习

练习移动靶就是持靶人利用步法移动，练习者拳法与步法结合，及时调整距离，达到最佳击打距离和攻击角度同时打靶。如前滑步直拳打靶，对方向后移动，我前滑步移动，同时直拳击打手靶。

3. 反应靶练习

反应靶就是靶位不固定，持靶人突然出靶，练习者根据靶的高度、角度，迅速调整距离、选择击打拳法，完成打靶。这对提高练习者的反应速度、动作速度、距离感有很好的作用。（图3–40～图3–43）

图3–40

图3-41

图3-42

图3-43

第四节　踢法的训练

一、柔韧性练习

人的腿部是否灵活，取决于腿部的柔韧性。虽然不提倡在自卫防身时使用高腿，但是良好的柔韧性可以使腿法踢向不同高度，应用更自如，膝的高度决定踢击的高度。同时良好的柔韧性也可以提高踢腿的速度、协调性，发挥出更大的威力。腿部的柔韧性练习可以采用各种压腿、踢腿等方法，但注意几个问题：

（1）准备活动要充分，循序渐进。准备活动充分可以克服肌肉、韧带的黏滞性，一方面可以避免受伤，另一方面有利于提高练习效果，所以在身体微热时才能进行柔韧练习。夏季气温高做准备活动用时少，容易克服肌肉、韧带的黏滞性，锻炼效果好。冬天则比较冷，事倍功半，要把准备活动做充分。由于肌肉、韧带等软组织的伸展并不是一时一刻就能得到提高的，所以练习做到循序渐进，不能急于求成，以免用力过猛造成拉伤。

（2）持之以恒。柔韧训练是一项单调、枯燥的练习，在刚开始进行柔韧练习时会产生疼痛，而且柔韧素质具有见效快，消退也快的特点，一旦停止练习就会退步，在练习中需要有坚强的意志和持之以恒的精神，否则就会前功尽弃。

二、控腿练习

拳谚说："起腿半边空。"在一般情况下人是双脚着地，而在出腿时是单脚支撑，支撑的稳定性减弱，防御能力下降，一旦受到攻击就会失去平衡；而且在搏斗中两脚在不断移动，此时起腿，保持平衡很难。为了提高踢击的平衡控制能力，要多进行控腿练习。控腿是保持踢击动作定型的静力练习，是练习截拳道腿法必修的训练方法。控腿练习不但能提高踢击的平衡控制能力，还可以提高踢击技术动作规范性、灵活性、攻击准确性、腿部力量和耐力。

1. 规范技术动作练习

如中位侧踢控腿（图3–44），完成踢腿动作后，要检查动作是否正确，适当调整，保持正确姿势不动，进行控腿。如果开始站立不稳，可以扶着椅子练习。（图3–45）

图3–44

图3-45

2. 提高腿部力量和耐力练习

控腿练习要循序渐进，一开始时间可以短一些，以动作不变形为前提，逐渐增加控腿时间，可以增加到10分钟。控腿练习到一定程度，就可以增加难度，进行负重练习。

3. 脚不落地的连续踢击练习

通过控腿练习，可以在脚不落地或不收腿的情况下，使用各种腿法连续踢击，这样缩短了攻击时间，攻击更流畅。控腿练习时要尝试多种腿法的变换。

三、踢击力量练习

1. 深蹲踢

深蹲是锻炼腿部力量的练习，对增强踢法的穿透力非常有益。在深蹲起立时快速出腿踢击则可以提高踢击的速度和灵活性，由于起立同时出腿，对腿的力量和身体的平衡要求也很高。练习时，两脚左右分开与肩同宽，两手放松抬起，肘尖下垂；下蹲时挺胸、抬头，下颌微收，下蹲至最低点；起立时，一腿支撑，一腿提膝而起，迅速踢出，两手成警戒势的防护姿势；然后，收腿成深蹲，换腿练习（图3–46～图3–52）。可以集中练习一种腿法，也可以一组练多种腿法，还可以向不同方向踢腿。

图3–46

图3–47

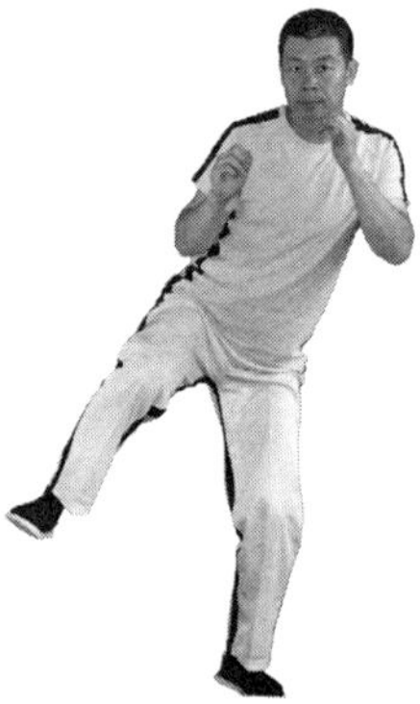

图3–48

图3-49

图3-50

图3-51

图3-52

也可以从警戒势开始深蹲，站起踢腿。（图3–53 ~ 图3–55）

图3–53

图3–54

图3–55

2. 对墙、树、重沙袋的练习

练习踢击力量较大的踢法，可以对着树、墙、重沙袋进行练习，如直踢、侧踢、拦门踢墙（图3–56～图3–58）。对树、墙练习时要控制好力量，力量越大，反作用力越大，同时要调整好距离，避免受伤。

图3–56

图3–57

图3–58

四、踢击速度练习

1. 负重练习

通过腿法负重练习可以提高出腿速度，同时增强出腿的力量。可以在小腿上绑上沙袋，做各种踢法练习（图3–59、图3–60），然后解下沙袋，再练习各种踢法，就会感觉很轻松，出腿如电。

图3–59

图3–60

2. 速射练习

两脚左右开立，身体重心移到左腿，身体向左倾斜，右腿向右侧踢；右腿收回，在右脚着地之前，身体右倾，左脚向左侧踢；然后左脚收，右脚踢，如此反复练习（图3-61～图3-65）。开始时，会比较别扭，可以速度稍慢些，保持好平衡，逐渐加快速度，动作越快越好，做到动作流畅和能够保持身体平衡为止。

图3-61

图3-62

图3-63

图3-64

图3-65

五、纸靶练习

纸靶练习也是提高踢击速度的方法之一。

1. 单人练习

当一个人练习时，可以将纸靶用绳吊起，高度在腰与膝之间，用勾踢、侧踢踢击纸靶。（图3-66、图3-67）

图3-66

图3-67

2. 两人练习

练习前踢时，一人双手抓紧纸靶两端，水平置于腹部的高度，练习者用前踢快速踢靶。（图3-68、图3-69）

图3-68

图3-69

练习勾踢时，一人双手抓紧纸靶两端竖直放置，练习者以勾踢将纸靶踢破（图3-70、图3-71）；然后逐渐增加纸靶的厚度，提高踢击的速度力量。

图3-70

图3-71

六、脚靶练习

由于腿法力量大、练习难度大，脚靶比手靶要大要厚，但练习方法基本相同。

1. 固定靶练习

一人持靶，根据不同踢法给出不同靶位，另一人以前踢、直踢、侧踢、勾踢踢击脚靶。（图3-72～图3-75）

图3-72

图3-73

图3-74

图3-75

2. 移动靶练习

练习移动靶就是持靶人利用步法移动，练习者腿法与步法结合，及时调整距离，达到最佳击打距离和攻击角度同时打靶。

3. 反应靶练习

反应靶就是靶位不固定，持靶人突然出靶，练习者根据靶的高度、角度，迅速调整距离、选择击打踢法，完成打靶。

移动靶和反应靶练习与拳法练习方法基本相同，在此不再赘述。

第五节　膝、肘法的训练

膝法、肘法的练习可以参考练习踢法、拳法的方法。

一、培养良好的距离感

膝法、肘法用于贴身近战，要想攻击对方首先要接近对方。一种方法是利用步法快速靠近对方，这就需要加强步法练习。另一种方法就是放对方进来，当对方靠近时发起进攻。“一寸长一寸强，一寸短一寸险”，因为膝法、肘法攻击距离短，在贴身近战时自己也处于对方的攻击范围内，存在一定危险性，故在进入攻击范围内要做好防护，快速解决战斗。为了培养良好的距离感，找准进攻时机，需要两人不断配合练习。

二、脚靶练习

1. 肘法练习

以横击肘、上击肘打靶练习。（图3-76～图3-78）

图3-76

图3-77

图3-78

2. 膝法练习

练习膝法可以用脚靶两人配合练习（图3-79 ~ 图3-82），体会动作，找准攻击时机。

图3-79

图3-80

图3-81

图3-82

第六节　防御技术的训练

一、假想练习

防守是相对于进攻而言，每一个防御技术都是有针对性的，我们首先要明确这一防守技术是防御什么样的进攻，可以通过假想对方用各种方式进攻，根据假想敌的攻击采用恰当的防御方法。

二、攻防配合练习

两人一起，一人进攻，一人防守。开始时先设定攻防动作反复练习，熟练后进攻方自由使用踢打方法，防守方根据对方的攻击采用恰当的防御方法防守。防御的时机比力量重要，如果防守动作过早，对方会改变攻击路线，如果防守动作晚了，就会受到攻击。防守要在对方快打到自己时做动作。在开始时，两人要放慢动作，寻找防守的时机，熟练后逐渐加快速度。

三、防御手段综合应用

手法、步法、躲闪等防御手段不是孤立存在的。在截拳道中，是没有单一的防守的，而是攻防一体的，在防的同时发动进攻。在练习手法防御时，要配合直拳、翻背拳等的进攻，攻防同时完成。如后高位拍手前手直拳（图3–83）、后低位拍手前手翻背拳（图3–84）；练习躲闪时，躲闪同时要出拳、出腿（后滑步前手直拳、侧步躲闪前踢），或者躲开对手攻击，马上进行反击（后闪前滑步前手直拳）。

图3–83

图3–84

尤其是对手速度、力量优于你时，为了保证防御的实效性，要多个防守动作同时完成。例如，对方一个快速有力的直拳打来，我迅速后手拍手防御，同时侧步躲闪，防止对方力量大拍手无效或速度过快躲避不开（图3–85）。从另一个角度来说，防御方法最好交替变换，灵活多变，让对方捉摸不定。

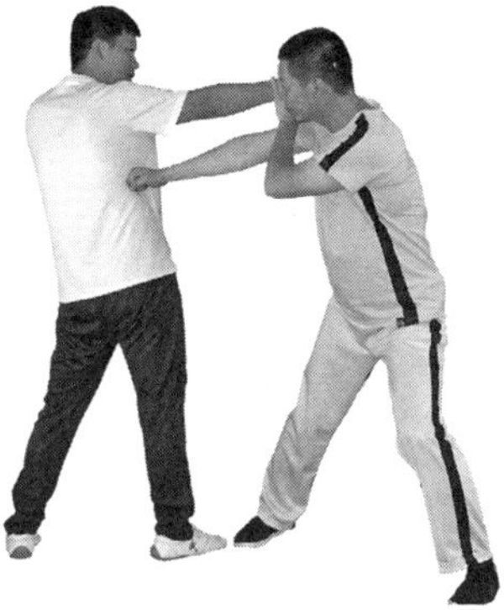

图3–85

四、眼的练习

当面对迎面而来的攻击时，人的本能反应是躲闪和闭眼，而在闭眼时很容易遭到后续攻击或错失反击的机会。为了避免闭眼的问题，可以由同伴戴上拳套轻轻击打自己的面部，自己则努力地睁眼看着对方（图3–86、图3–87），逐渐适应后多进行对抗练习，在实战中形成克服闭眼的习惯。

图3–86

图3–87

另外，防守的手不要挡住自己的眼，要保持视野开阔，以便看清对方的动作。

第四章　截拳道自卫防身攻击方法

在掌握截拳道的基本技术后，就要将这些技术应用到实战对抗中。李小龙将这些技术应用的方法概括为“攻击五法”，即截拳道的战术打法，所有的攻击方法都是“攻击五法”的应用。“攻击五法”可以单一应用，但很多时候是综合运用，相互转化，随机应变。所举实例是为了更好地理解战术方法，要举一反三，多加领悟。

第一节　简单角度攻击

简单角度攻击源自击剑，又称简单攻击，这是一种由任何意想不到的角度做出的简单攻击。有时在实施简单角度攻击前会先加一个假动作。这种方法又称抢攻，即先发制人，在对方未做好防守或进攻的准备时，抢在对方之前发动进攻。有“先下手为强”之利，属主动打法。

一、简单攻击的应用要点

简单角度攻击完全是建立在时机和速度基础上，攻击方必须在对手做出防守反应前击中他。

1. 要把握时机

在对手立足未稳、犹豫不决、没有准备的时候进攻，使其来不及防守，做到突然、快速、有力，力争一举击倒对方。

2. 速度要快

不断提高反应速度和动作速度，在出现机会时，要快速出击。“天下武功，唯快不破”。如果你在速度上占有优势，可以领先对手出招，对手来不及防御就已经被击倒。

3. 步法要灵活

所有形式的攻击，都需要灵活地移动。简单角度攻击也是建立在利用步法去调整距离的基础上，通常会运用步法以重新调整距离来做准备，是最难以掌握的一种攻击方法。

二、简单攻击的实战应用

1. 前手直拳简单攻击

双方警戒势对峙。我突然前滑步，前手直拳攻击对方头部，对方来不及防守就已被击中。（图4–1、图4–2）

图4-1

图4-2

2. 翻背拳简单攻击

双方警戒势对峙。我突然以前手轻拍对方前手臂，然后变翻背拳击打面部，对方被拍击吸引，已无暇防守。（图4-3 ~ 图4-5）

图4-3

图4-4

图4-5

3. 侧踢简单攻击

双方警戒势对峙。我前手前伸吸引对方注意力，突然向前垫步，以低位侧踢攻击对方膝关节。（图4–6 ~ 图4–8）

图4–6

图4–7

图4-8

4. 前踢简单攻击

双方警戒势对峙。我突然以前脚前踢攻击对方裆部。（图4-9、图4-10）

图4-9

图4-10

图4-10附图

第二节　封位攻击

封位攻击又称封手攻击。因封位攻击是指在抑制住对手的头、头发、手或脚的同时，穿过对手的防御对其进行攻击的一种攻击方法，不局限于对手的封阻，称封位攻击更恰当。通过封阻或固定对手身体的一部分，为自己创造一个安全的攻击空间。

一、封手攻击—勾漏手

勾漏手被称为李小龙三大绝技之一，李小龙在电影中多次展示。勾漏手是勾手和漏手的总称，是封位攻击法的一种具体技术，是在实战中即封即打、即打即收、连消带打的打法。勾漏手源于咏春拳，勾手即攦手，就是抓、拿法；漏手即拍手，就是各种格挡。这种技法能够更快、更简练、更安全、更有效、更直接地组织对对手的攻击，充分发挥手的防守和反击作用。当一只手做出进攻时，以另一只手封按对方之手作为预防措施，迫使对方露出空当。在对方意图出拳攻击时，运用封手需知道对方何时会发招，而封手也需速度与技巧的配合。

1. 外勾手后手直拳

双方警戒势对峙。我以前手突然从对方外门叼抓对方前手手腕，向右下方猛拉，使对方上体前移，同时后手直拳击打对方面部。（图4–11～图4–13）

图4–11

图4-12

图4-13

勾手一方面打开了对方前手的防护，另一方面破坏对方平衡，给后手直拳制造了机会。勾手和直拳要同时完成，形成合力，把对方前移的力与直拳击打力合二为一，威力更大。

2. 内勾手前手直拳

双方警戒势对峙。对方前手拳打来，我后手沿中线穿到

对方前手内侧，向小指一侧屈腕回勾，抓住对方前手手腕，向左下方猛拉，同时前手直拳击打对方面部。（图4–14～图4–17）

图4–14

图4–15

图4–16

图4–17

3. 内勾手翻背拳

双方警戒势对峙。对方前手拳打来，我后手沿中线穿到对方前手内侧，向小指一侧屈腕回勾，抓住对方前手手腕，向左下方猛拉，同时前手以翻背拳击打对方面部。（图4–18 ~ 图4–21）

图4–18

图4-19

图4-20

图4-21

翻背拳常和勾手结合使用，虽然翻背拳力量不是很大，但是用力拉对方，在拉近时出拳，冲击力会很大，就像两辆迎面疾驶而来的汽车相撞一样。

4. 外漏手前手直拳

双方警戒势对峙。我后手在对手前手外侧向下拍按对方前手前臂，同时前手直拳击打对方面部；前手击中目标后，稍回收向下拍按，继续控制对方前手，后手则迅速直拳击打对方面部，不给对方任何反击机会。（图4–22 ~ 图4–25）

图4–22

图4-23

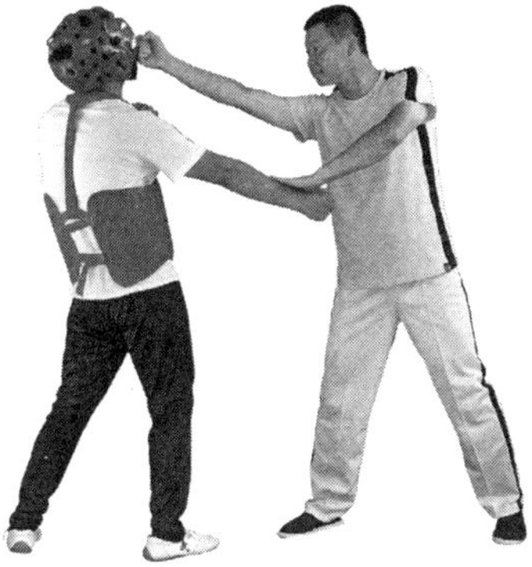

图4-24

图4-25

5. 外漏手翻背拳

双方警戒势对峙。我后手沿中线穿出，在对手前手外侧向下拍按对方前手前臂（图4–26、图4–27），同时前手翻背拳击打对方面部。（图4–28）

图4–26

图4–27

图4–28

6. 内漏手前手直拳

双方警戒势对峙。对方前手直拳击打我胸部，我后手逆时针拨挡对方来拳，前手直拳击打对方面部。（图4–29 ~ 图4–32）

图4–29

图4–30

图4–31

图4–32

二、截击

截击就是在对手发出攻击的同时，把握时机予以打击的方法。截击是一种对攻击动作过大而忽略防守的对手或是走得太近的对手的极佳防守方法。截拳道的“截”就是阻截的意思，在半路拦截对手的攻击，这是截拳道的主要攻击方法。要确保截击成功，需要洞察力，正确把握时机与精确地布局。准确地判断时机与距离是有效截击的秘诀，截击用来对付由开始踏前的攻击最为有用，成功率也最大。比如当双方距离较远时，对手发动进攻一定会做些准备，想通过移步接近你，在他将要移动或开始移动时就发起攻击。

截击的时机有：对手准备移步向前时；在对手手臂仍然弯曲时；当对手虚招动作过大、身躯大开中门时；当对手攻击动作过大、手部动作方向不当时。

1. 对胫骨或膝关节的踢击

又称为阻踢，这种腿法是截拳道中最难对付的防御技术。如果熟练地掌握了这种腿法，则几乎可以阻止任何形式的进攻。运用这种腿法的目的是抢在对手进攻之前踢击他，必须在对手要加速或要进攻之前截击他。为达到这一目的，必须具备比对手快得多的速度。

例如对拳法的截击。

双方警戒势对峙。对方前滑步以前手直拳攻击我面部，我在对方向前移动时以侧踢攻击对方胫骨或膝关节，在对方拳还未打到我时拦截在半路。同时，侧踢造成杀伤，为下一步攻击打下基础。（图4–33、图4–34）

图4-33

图4-34

2. 截踢的运用

双方警戒势对峙。对方要用侧踢攻击我，在他起腿瞬间，我迅速以侧踢在对方屈膝之际截击，使对方的侧踢未发力之前受到攻击（图4-35、图4-36）。可以截击未发力的腿部，也可以截击对方胸、腹部。常用的截击腿法除侧踢还有直踢、拦门踢。练习截踢，可以两人配合练习，一人以慢速出腿踢击，另一人以侧踢、直踢、拦门踢截击，逐渐加快速度，掌握截击的时机。

图4–35

图4–36

三、对脚的控制

脚是移动的发起部位，就像汽车的车轮一样，一旦对方脚被控制，他将无法移动。我利用上步之际，落脚时踩在对方前脚上，使他不能移动，同时吸引对方注意力，我迅速以前手直拳击打对方面部。（图4-37 ~ 图4-39）

图4-37

图4-38

图4-39

四、对头颈的控制

头部是人体的司令部，颈部是连接头部与身体的桥梁。控制了头颈部，就可以控制对手的身体。头部受伤，会使对方彻底失去攻击力。

1. 箍颈顶膝

双方近战时，我双手扣住对方颈部用力下拉，同时提膝顶对方头部，上顶下拉形成合力，威力巨大。（图4-40、图4-41）

图4-40

图4-41

2. 搂颈横击肘

双方缠斗在一起，我一手扣住对方的颈部，使其无法后仰，同时另一手屈肘，以横击肘击打对方头部或颈部。（图4-42、图4-43）

图4-42

图4-43

第三节　渐进间接攻击

渐进间接攻击通常是以假动作或未完全奏效的首次攻击作为先导，以引发对手做出反应，从而给自己创造时间，在对手暴露空当时击中他。“渐进”可以被理解为“拉近距离”，而“间接”可以看作是“赢得时间”。简单角度攻击是一种单一、向前的动作，没有回收；渐进间接攻击需要以假动作引导，通常包含两个单独动作。渐进间接攻击的主要用途是对付防守严密、动作快速而使简单攻击无效的对手，在缩短间距的同时，有效地制造空当。

一、假动作的目的和运用要点

假动作又称虚招，是截拳道攻击中不可或缺的一部分，必须勤加练习。一记成功的假动作，可谓成功了一半，另一半只待出手攻击了。假动作不是真正的攻击，是为了迷惑对方，隐蔽真正的攻击意图，造成对方判断失误，趁其失误抓住机会，“出其不意，攻其不备”。假动作的目的是通过假动作使对方露出空当，给真正的攻击制造机会；利用假动作可以快速、隐蔽地接近对方。由安全距离进入近距离有一个过程，直接攻击很容易被对手拦截或反击，利用假动作隐藏了真正意图，会更安全；假动作还可以试探对方，根据对方的反应了解对方的反应速度、动作速度、防御方式等。

1. 假动作要真

为了有效达到以上目的，假动作要做得十分逼真，要看起来和真的攻击动作相同无异，才会让对手相信并做出相应的反应。一般人对一挥手、一跺脚，以及突然喊叫都会有所反应。

2. 要调整好假动作的速度

做假动作速度适中，让对方有足够时间做出反应。如果动作太快了，对方来不及做出反应，没有露出空当，假动作就失去意义；如果动作太慢了，容易被对方反击。

3. 假动作要灵活多变

不能反复使用相同的假动作，这很容易让对方洞察到你的意图。假动作要灵活多变，无法预测。首先是动作路线和角度的变化，指上打下、指下打上、指内打外、指外打内。其次是真假动作的变化，真假动作没有固定模式，不一定先做假动作，也可以真实攻击后再使用假动作，如果假动作未引起对方的反应，可以变假为真，直接攻击对方，真真假假，变幻莫测。

4. 假动作与各种攻击结合紧密

假动作制造的空当稍纵即逝，不可以一味地虚张声势，错失良机。在对手对假动作做出反应时，必须马上攻击，特别注意把两个动作有效地做得连贯，以增加速度和劲力。

二、渐进间接攻击实战应用

1. 前手刺拳佯攻—中位直拳攻击

双方警戒势对峙。我以前手刺拳佯攻对手头部，使对手抬手防守，肋部、腹部露出空当，我迅速以中位直拳攻击对手肋部。（图4-44～图4-46）

图4-44

图4-45

图4–46

2. 前手刺拳后手直拳佯攻—前手直拳攻击

双方警戒势对峙。我以前手刺拳佯攻，对手不为所动，我后手直拳紧随攻击，对手判断第一拳为假动作，第二拳为真攻，用手格挡，我迅速以前手直拳攻击对方头部。（图4–47～图4–50）

图4–47

图4-48

图4-49

图4-50

3. 低位侧踢佯攻—中位勾踢攻击

双方警戒势对峙。我以低位侧踢佯攻对手膝关节，当对手注意力集中到下面时，我迅速收腿以中位勾踢攻击对方腹部或肋部。（图4-51 ~ 图4-53）

图4-51

图4-52

图4-53

4. 前手刺拳佯攻—中位侧踢攻击

双方警戒势对峙。我前滑步前手直拳佯攻对手头部，吸引对方注意力，当后脚即将落地时，迅速提膝侧踢对手腹部或肋部。（图4-54～图4-56）

图4-54

图4–55

图4–56

5. 前踢佯攻—前手直拳攻击

双方警戒势对峙。我以前踢佯攻对手胫骨，使对手注意力转移到下面，前脚顺势前落，接近对手，以前手直拳攻击对手头部。（图4–57 ~ 图4–59）

图4–57

图4–58

图4–59

6. 眼神佯攻—翻背拳攻击

双方警戒势对峙。我目光转移到对方脚上，让对手误以为要攻击其下部，我突然滑步，以翻背拳攻击对手头部。（图4–60、图4–61）

图4–60

图4–61

第四节　组合攻击

组合攻击是指一系列自然连续的击打，可以是拳法组合、踢法组合，也可以是踢拳组合，而且这些击打往往从多条路线打出。这些组合攻击的目的是迫使对手做出某种特定的姿势而露出破绽，使连环攻击中的最后一击可以落在对手最脆弱的位置。组合攻击是为了向对手做最后制胜一击铺路。

连续三击在组合攻击中十分常见，前两次击打用来破坏对方的防守，为最后一击打开突破口。"安全三击"是以节奏为基础的一连串攻击，最后一击的落点与第一击的攻击位置相同。

组合攻击应用中最重要的是能够随时随地调整攻击路线以及准确预测对手会做出怎样的反应，利用一切出现的机会，连续创造空当，进行有效攻击，直到击倒对方。

一、拳法组合

无论是在擂台还是在街头，拳法攻击很难一拳制敌，这就需要连续地击打。要想连贯、顺畅地进攻就要进行组合拳练习。拳法组合要灵活，攻击目标、攻击手段要多变，轻重结合、远近结合、前后结合、高低结合，这样才更高效。一般第一拳是小幅度、快速的拳法，以试探、干扰对方，为下面的进攻创造机会；而最后一拳多是重拳，为打破对方防线后的制胜重击。攻击的组合顺序没有固定的模式，但组合要合理，能够连贯、顺畅地攻击。

1. 前手刺拳—后手直拳—前手直拳

双方警戒势对峙。我以前手刺拳试探攻击对手头部，后手直拳紧随攻击对方胸、腹部，在对手忙于防守之际，我以前手直拳攻击对手头部。（图4-62 ~ 图4-65）

图4-62

图4-63

图4-64

图4-65

2. 前手刺拳—前手直拳—后手直拳

双方警戒势对峙。我以前手刺拳佯攻，然后迅速收回攻击对手中部，当对手的防守被打开后，我后手直拳迅速攻击对方头部。（图4-66～图4-69）

图4–66

图4–67

图4–68

图4-69

3. 翻背拳—后手直拳—前手直拳

双方警戒势对峙。我以翻背拳发起突袭，对手躲闪，我以后手直拳攻击对手胸部，接着前手直拳攻击，使对手无处可逃。（图4-70 ~ 图4-73）

图4-70

图4-71

图4-72

图4-73

4. 前手刺拳—后手直拳—翻背拳

双方警戒势对峙。我连续前手刺拳和后手直拳攻击对方，打乱对方的防守，我后手收回时拉拽对手防守的手臂，以翻背拳攻击对方头部。（图4–74 ~ 图4–77）

图4–74

图4–75

图4–76

图4–77

二、踢法组合

1. 低位勾踢—中位侧踢（图4–78 ~ 图4–80）

图4–78

图4–79

图4–80

2. 低位侧踢—中位侧踢（图4-81～图4-83）

图4-81

图4-82

图4-83

3. 前踢—中位勾踢（图4–84～图4–86）

图4–84

图4–85

图4–86

4. 前踢—后直踢（图4–87 ~ 图4–89）

图4–87

图4–88

图4–89

5. 拦门踢—前脚侧踢（图4-90～图4-92）

图4-90

图4-91

图4-92

三、踢拳组合练习

1. 前手直拳—前足前踢（图4-93～图4-95）

图4-93

图4-94

图4-95

2. 前脚低位勾踢—前手直拳（图4–96 ~ 图4–98）

图4–96

图4–97

图4–98

3. 前、后直拳—侧踢（图4-99～图4-102）

图4-99

图4-100

图4-101

图4-102

四、膝肘组合

前刺拳—后横击肘—顶膝—砸肘（图4-103～图4-107）

图4-103

图4-104

图4-105

图4-106

图4-107

第五节　诱敌攻击

诱敌攻击是一种攻击或反击方法，目的是通过明显露出自己的破绽来诱骗对手，或做出一些动作，让对手误以为抓住了一个明显的空当，产生一种安全的错觉。当对手暴露出向某个方向移动的意图后，抓住机会做出反击。此时对手已经失去了有效改变自身路线的能力，很难调整防守来抵挡你的攻击。

一、诱敌攻击的战术要点

1. 假动作诱敌

假动作是诱敌技法中的一部分。诱敌就是诱使对方对假动作做出反应。渐进间接攻击与诱敌攻击中假动作的区别在于两者的意图不同，渐进间接攻击是为了找到空当，利用佯攻作为首次攻击去迫使对方暴露空当；诱敌进攻是为了制造反击机会，利用假象来吸引对方出拳，让你有机会在二次攻击中截击对手。

2. 保护好自己

在对手的猛烈攻击下，要保护好自己的破绽，并能保持警觉性和身体平衡做出攻击。

二、诱敌攻击实战应用

1. 暴露头部空当—前手直拳攻击

我放低防护的双手，露出头部，当对手前手攻击我头部时，我重心稍下降，头向内侧躲闪，同时前手直拳攻击对手肋部。（图4–108 ~ 图4–110）

图4–108

图4–109

图4-110

2. 步法诱敌

不断变换距离和节奏可以迷惑对手，打乱对方的攻防节奏，使对手对距离的判断失误，使对手不易判断出我攻击的时机或做出攻防的准备。在拳、脚动作无法引动对方时，步法是一种很好的诱敌方法。当你进一小步时，会因距离的缩短给对方造成一种压迫感，迫使对方做出反应，出现破绽。李小龙的方法就是："运用上最简单而最基本的战术是，移动至恰足以攻击至对方的距离即可。此种观念，系先迫近对方一步左右的距离再后退，诱使对手后随。此时让对方进一两步来，然后在对方抬脚继续进步的一瞬间，自己突然进步，出其不意地加以攻击。"

我前脚后撤半步，让对手以为我要后退，当对手要前进追击时，我前脚提膝以侧踢攻击对手腹部。（图4-111 ~ 图4-113）

图4-111

图4-112

图4-113

第五章 截拳道在自卫防身中的应用

在生活中遇到的袭击是不可预知的，也没有固定的模式。在这里只是根据日常经常出现的情况进行模拟练习，遇到相似情况时可以快速反应、自卫防身。更重要的是在日常的截拳道练习时，提高自身的身体素质、技战术水平，使出拳、踢腿成为本能，以不变应万变。

第一节 对正面袭击的自卫防身术

所谓正面是指视线所及的范围，只要能看到袭击者，我们就能正面面对敌人的进攻，可以充分利用日常学到的截拳道技术、战术，与敌人斗智斗勇，克敌制胜。

一、把敌人控制在攻击距离之外

当发现敌人时，要注意与对方保持一定距离，对方发起进攻必定先要向前移动，当对方抬腿前进时，我以侧踢、直踢截击，阻止其前进。

1. 侧踢截击

我侧身站立，与对方保持距离。当对方向前移动时，我以侧踢攻击对方前腿膝关节，然后以后手直拳、前手横击肘连续攻击，使其丧失侵害能力。（图5–1 ~ 图5–4）

图5–1

图5–2

图5–3

图5–4

2. 直踢截击

我侧身站立，与对方保持距离。当对方向前移动时，我以直踢攻击对方腹部，然后后脚勾踢攻击，使其丧失侵害能力。（图5–5 ~ 图5–7）

图5-5

图5-6

图5-7

二、对拳法袭击的反击

1. 直拳迎击

当对方抡拳、扇耳光打过来时，我直接前手直拳攻击对方面部（图5-8、图5-9）。抡拳、打耳光都是弧线进攻，速度较慢，我以直拳攻击速度要快，后发先至。

图5-8

图5-9

2. 封手攻击

对方抡拳打来，我前手外门勾手叼抓对方进攻手，后手直拳同时进攻。（图5-10、图5-11）

图5-10

图5-11

3. 侧踢截击

对方抡拳打来，我身体侧倒，躲开对方攻击，同时以侧踢攻击对方腹部。（图5-12、图5-13）

图5-12

图5-13

4. 拦门踢截击

对方抡拳打来，我后脚拦门踢截击对方膝关节，然后前脚前踢对方裆部。（图5-14 ~ 图5-16）

图5-14

图5-15

图5-16

三、对腿法袭击的反击

1. 侧闪拳击

当对方向前猛冲，用脚踹来，我侧步躲闪，后手向下拍挡，同时，前手直拳攻击对方头部。（图5-17、图5-18）

图5-17

图5-18

2. 以腿截腿

截击部位有大腿内侧、大腿正面、下腹部，截击的方法有直踢、侧踢、拦门踢。

当对方要抬腿攻击时，我也抬腿以侧踢攻击，使对方发力之前被截击，然后，我连续直拳进攻，不给对方喘息之机。（图5-19 ~ 图5-22）

图5-19

图5-20

图5-21

图5-22

四、对抱摔的反击

1. 按头砸肘

当对方下潜要抱我腿时，我一手下按对方头部，一手屈肘下砸。（图5-23 ~ 图5-25）

图5-23

图5-24

图5-25

2. 前踢击面

当对方下潜要抱我腿时，我直接前脚前踢，踢击对方面部。（图5–26、图5–27）

图5–26

图5–27

3. 顶膝肘击

对方突然将我双臂及腰抱住，我迅速抬右膝顶对方裆部，当对方负痛松手后，我以横击肘击打对方头部。（图5–28 ~ 图5–30）

图5–28

图5–29

图5–30

五、对胸、颈、肩被抓的反击

1. 上击肘破衣领被抓

对方右手抓住我衣领拉扯，我趁其回拉之际，顺势向前，左手击打对方臂弯，右手护头，以上击肘击打对方头部。（图5–31～图5–33）

图5–31

图5–32

图5–33

2. 标指破单手锁喉

对方以右手掐住我的脖子，我迅速以左手从内向外拨挡对方手臂，同时右手标指攻击对方眼部。（图5-34、图5-35）

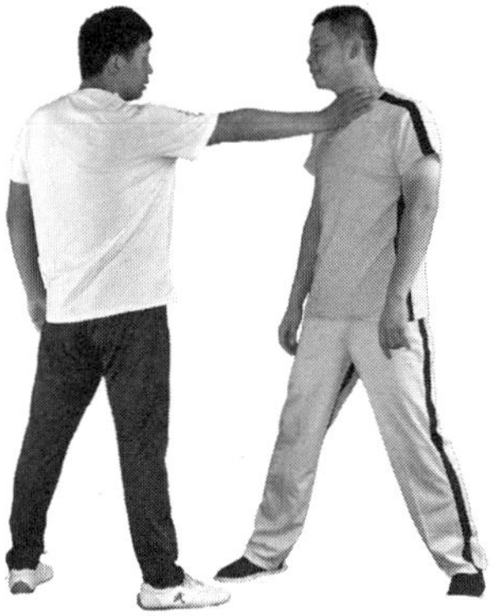

图5-34

图5-35

3. 横击肘破双手抓肩

对方双手抓住我肩部，我双手压住对方双臂，身体左转，以右肘横击对方头部，然后，右转左肘横击肘攻击对方头部。（图5–36～图5–38）

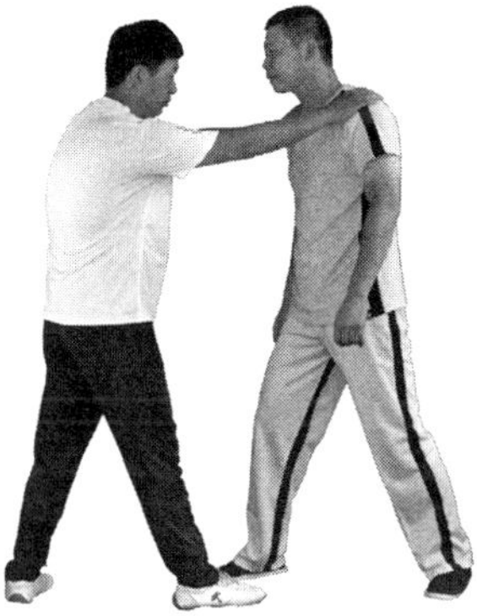

图5–36

图5–37

图5–38

4. 头撞破双手抓肩

对方双手抓住我胸部时，我可以双手勾住对方颈部，以前额撞击对方面部。（图5-39、图5-40）

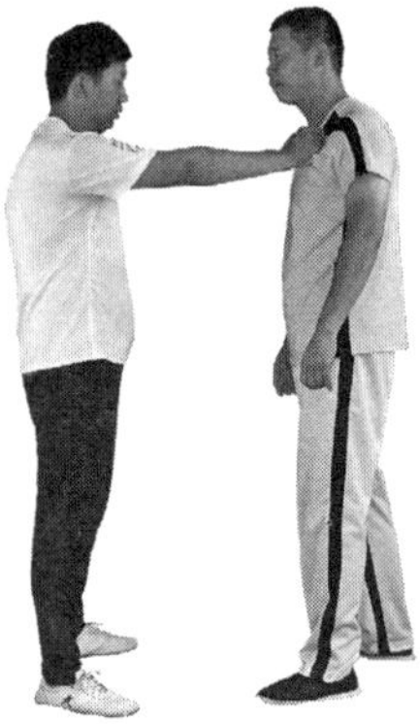

图5-39

图5-40

六、对手腕被抓的反击

1. 直踢破双手抓腕

对方双手抓住我右手，我立即屈膝抬腿，以直踢攻击对方腹部。（图5-41、图5-42）

图5-41

图5-42

2. 侧踢破单手抓腕

对方抓住我手腕，我用力回拉被抓手臂，同时，以右脚侧踢攻击对方膝关节（图5–43、图5–44）。拉的力与侧踢形成合力，足以使对方膝关节无法承受。

图5–43

图5–44

七、头发被抓的防御

对方抓住我头发，我双手握住对方手以减轻疼痛，以前踢攻击对方裆部。（图5–45 ~ 图5–47）

图5–45

图5–46

图5-47

八、坐位防御反击

端坐时，采用双脚重叠的姿势。当对方突然上前攻击时，我用上面的脚以直踢或前踢攻击对方裆部、腹部。（图5-48、图5-49）

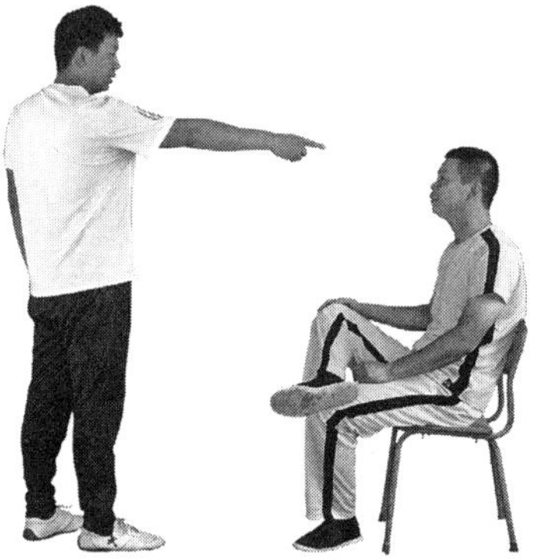

图5-48

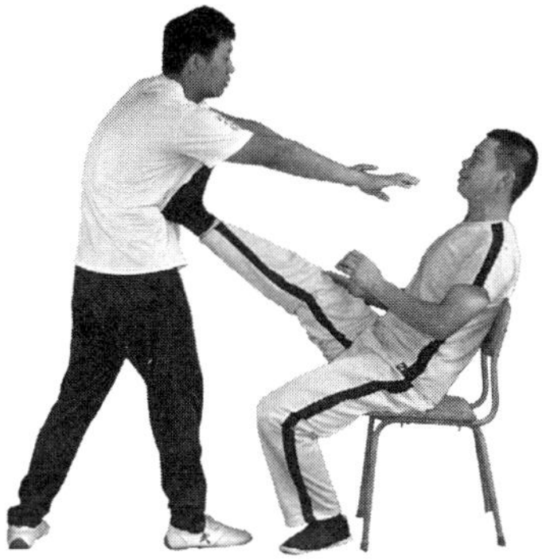

图5-49

第二节　对背后袭击的自卫防身术

来自背后的袭击是非常危险的。由于我们不能看到袭击者，很难提前做好防御，极容易受到攻击。但通过提高安全意识、培养良好洞察力和敏锐的直觉，我们可以发现袭击者的蛛丝马迹，提前做出防御。

一、对背后抱摔的反击

1. 反肘击头

对方从后面用双手抱住我身体，我双手在外面。我立即身体右转，做要挣扎挣脱的样子，使对方注意力集中在右侧，我突然左转，左肘屈紧，以左肘向左后方击打对方头部；一次击打成功，立即身体右转，以右肘向右后方击打。（图5-50～图5-53）

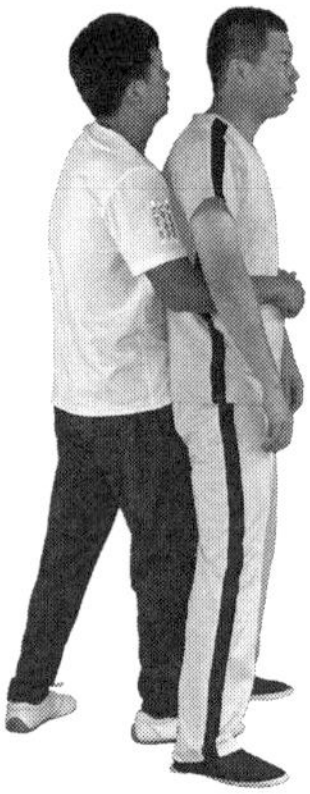

图5-50

图5-51

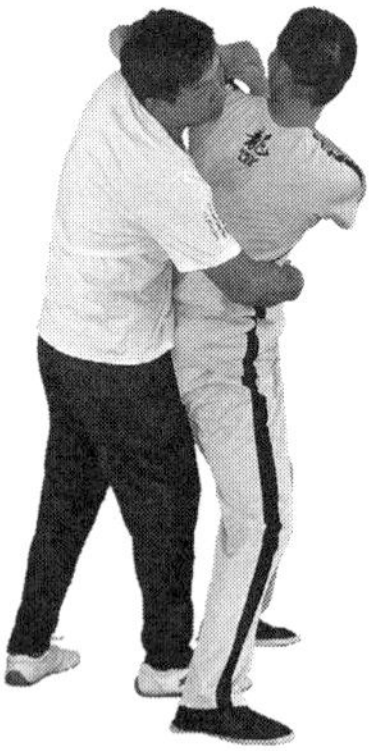

图5-52

图5-53

2. 撅指破抱

对方从后面用双手抱住我身体，我双手在外面。我用力掰起对方一根手指，使对方负痛松手；我迅速转身拧转对方手臂，同时以直拳攻击对手头部。（图5–54 ~ 图5–57）

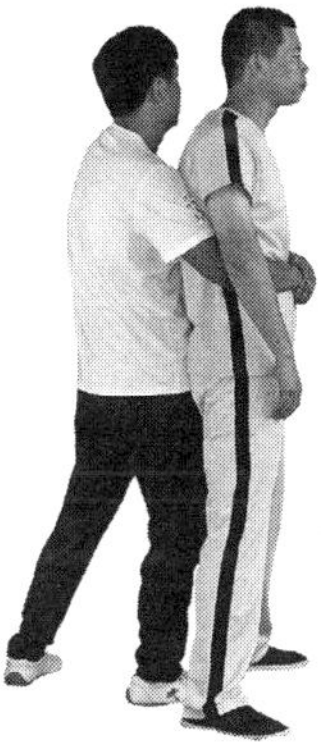

图5–54

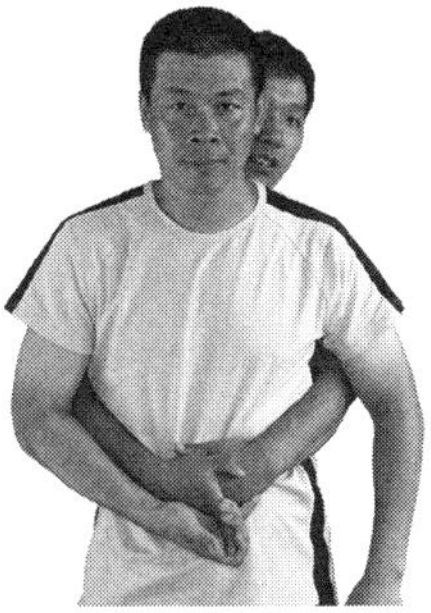

图5–55

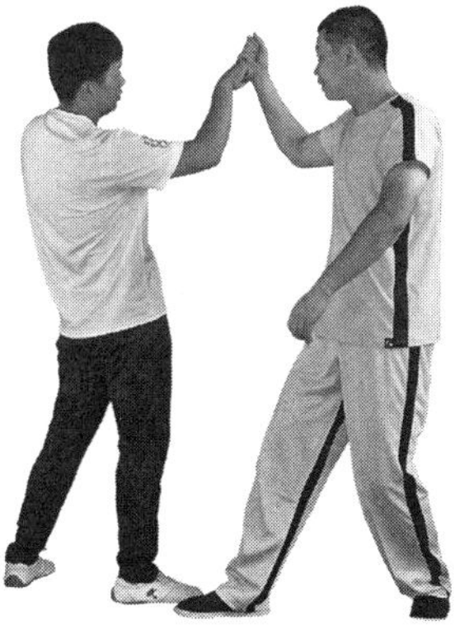

图5–56

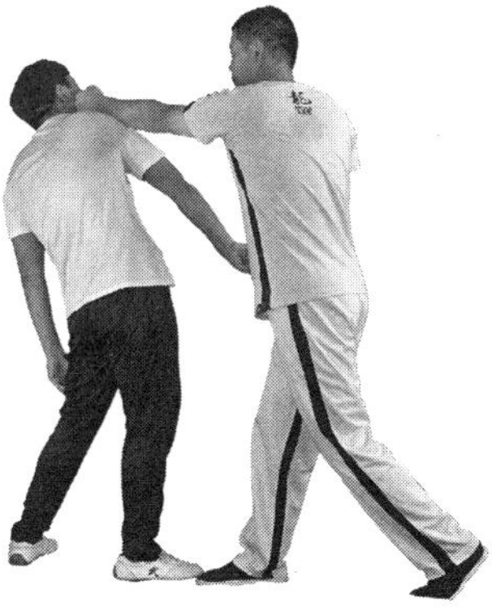

图5–57

3. 前俯后撞

对方从后面用双手抱住我，两臂也被抱住，我低头做挣扎状，然后，用力向后仰头，以枕骨撞击对方面部。（图5-58～图5-60）

图5-58

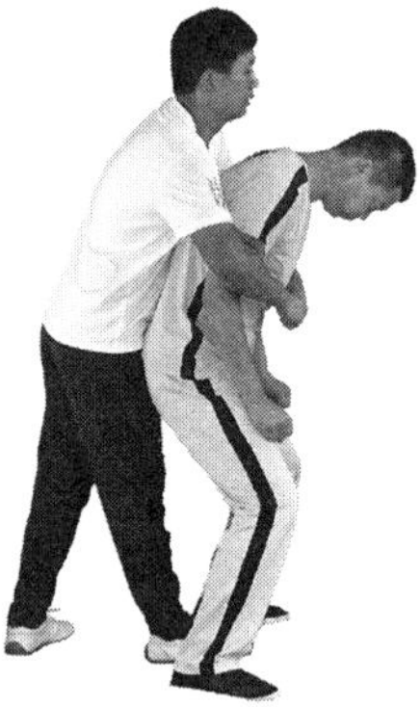

图5-59

图5-60

4. 踩脚头撞

对方从后面用双手抱住我，两臂也被抱住，我抬脚向下踩踏对方脚部，当对方注意力转移之际，我头后仰撞击对方面部。（图5-61～图5-63）

图5-61

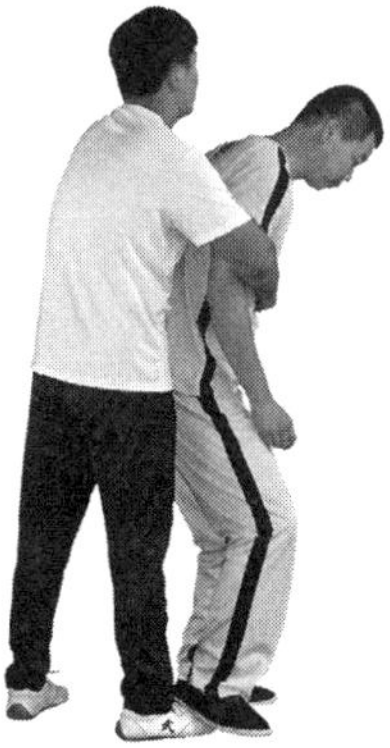

图5-62

图5-63

二、对背后抓腕的反击

当我右手手腕被对方从背后抓住，我要在对方进一步攻击之前，迅速身体左转，右手前拉，左臂屈肘，以反肘攻击对方头部。（图5-64、图5-65）

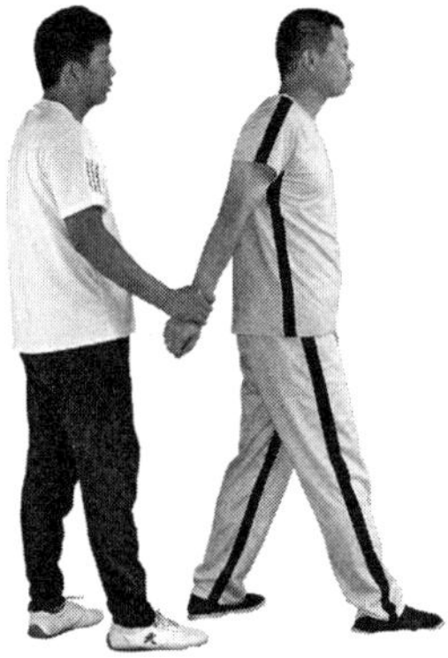

图5-64

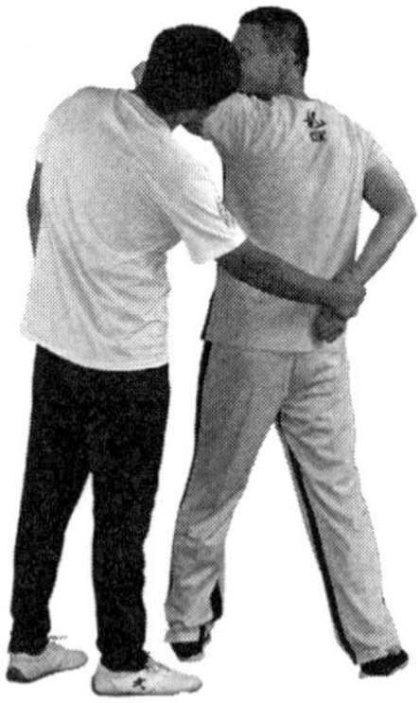

图5-65

三、对背后抓肩的反击

对方从背后抓住我肩部，我抬同侧肘，反肘攻击对方手臂，摆脱抓肩；然后，我以拦门脚踩踢对方膝关节。（图5-66 ~ 图5-68）

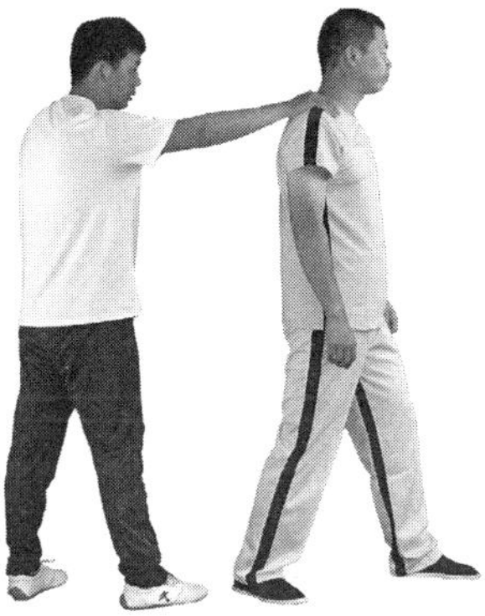

图5-66

图5-67

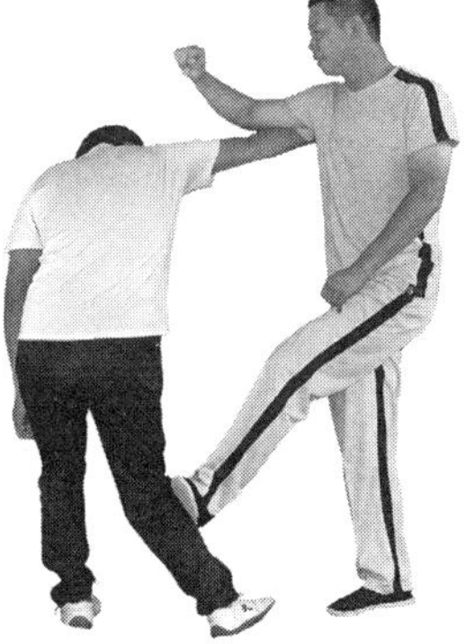

图5-68

四、对背后锁喉的反击

对方从背后单臂勒锁住我颈部，我将下颌收紧，缓解颈部被锁压力，迅速向后转身，以肘部顶撞对方肋部、腹部。（图5-69、图5-70）

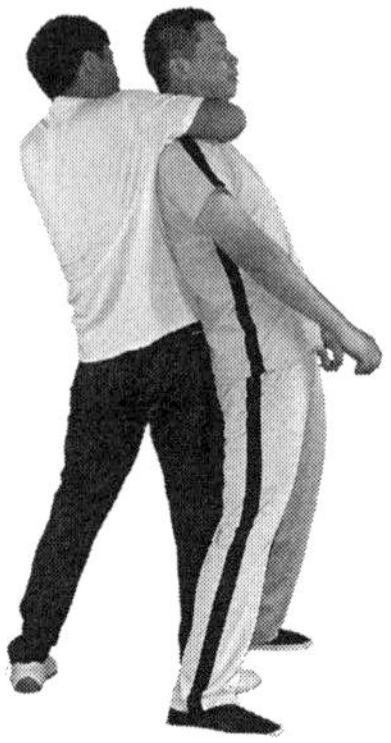

图5-69

图5-70

五、对背后偷袭的反击

当我听到背后有声响接近时，我迅速躲闪，转身观察，以侧踢攻击、阻挡对方。（图5–71、图5–72）

图5–71

图5–72

第三节　对持械袭击的自卫防身术

面对持械的歹徒，第一选择是迅速脱离危险区，如果不能逃脱就要有破釜沉舟的决心，即使受伤也要拼个鱼死网破。当然，尽量不与持利刃的人对抗，没有经过严格训练，空手夺刀成功率很低。要与敌人保持距离，徒手时要发挥踢法放长击远，找机会踢掉对方的武器。还要充分利用身边的武器，如上衣、皮带、椅子，一寸长一寸强，有利于保持安全距离。面对对手手持钝器时，我要迅速接近对方身体，减少对方的发力距离，在对方发力之前破坏对方的攻击。

一、面对手持利刃袭击的防卫

1. 侧踢截击

当对方手持匕首刺来时，我上体侧倒，以侧踢攻击对方腹部或膝关节，既躲开了对方的攻击，又使对方受挫。（图5–73、图5–74）

图5–73

图5–74

2. 前踢踢腕

当对方手持匕首与我对峙时，我突然以前踢踢击对方手腕，把匕首踢掉，前脚落步，同时以直拳攻击对方头部。（图5–75～图5–77）

图5–75

图5–76

图5-77

3. 后闪侧踢

对方持匕首从外向内横划攻击，我迅速向后躲闪，当匕首划过后我侧踢反击。（图5-78 ~ 图5-80）

图5-78

图5–79

图5–80

4. 侧闪击头

对方手持菜刀向我劈来，我迅速向对方外侧躲闪，同时后手直拳攻击对手头部。（图5-81 ~ 图5-83）

图5-81

图5-82

图5-83

5. 侧闪踢腹

对方手持菜刀向我劈来，我迅速向对方外侧躲闪，同时前脚勾踢攻击对手腹部。（图5-84 ~ 图5-86）

图5-84

图5–85

图5–86

6. 侧闪踢裆

对方手持菜刀向我劈来，我迅速向对方内侧躲闪，同时前踢踢击对方裆部。（图5–87 ~ 图5–89）

图5–87

图5–88

图5-89

二、面对手持钝器的防卫

1. 侧闪破劈棍

对方手持长棍从上往下劈棍，当对方挥舞时，我快速向对方上步靠近对方，前手向外拨挡，后手攻击对方头部。（图5-90～图5-92）

图5-90

图5–91

图5–92

2. 侧踢破扫棍

对方手持长棍横向抡扫，我迅速接近对方，抓住对方的长棍，我双手用力回拉，同时侧踢攻击对方腹部。（图5-93～图5-95）

图5-93

图5-94

图5–95

3. 架棍击头

对方手持短棍劈打，我双手交叉迎着对方，架住对方手臂，一手向外、向下拉、按对方手臂，一手攻击对方头部。（图5–96 ~ 图5–99）

图5–96

图5–97

图5–98

图5-99

三、充分利用身边的武器防卫

1. 衣服挡匕首

（1）对方手持匕首向我刺来，我用衣服抽打对方手臂，使对方攻击偏离目标，然后以侧踢攻击对方腹部。（图5-100 ~ 图5-102）

图5-100

图5-101

图5-102

（2）对方手持匕首向我刺来，我用衣服挡在前面，包裹对方手臂及匕首，同时向下按压，以翻背拳击打对方头部。（图5–103～图5–105）

图5–103

图5–104

图5-105

2. 椅子挡刀

对方手持菜刀，我拿起身边的椅子，对方举刀劈来，我用椅子挡刀，同时以直踢攻击对方腹部。（图5-106 ~ 图5-108）

图5-106

图5-107

图5-108

3. 椅子挡棍

对方手持长棍，我端起椅子，当对方抡棍劈打时，我用椅子挡住棍，然后以勾踢攻击对方腰部。（图5–109～图5–111）

图5–109

图5–110

图5-111

第四节　特殊情况下的自卫防身术

一、一人对多人的防卫原则

当独自一人面对多人攻击时，自己已经处于十分不利的局面。“双拳难敌四手”“好汉架不住人多”，现实不会像电影中那样，一个功夫高手可以打十个、几十个。最好的办法就是逃，不能逃找机会也要逃。如果无法避免多人的攻击，要遵循以下原则：

（1）不停地移动，通过距离、位置的变化找机会突围。

（2）以最长武器攻击最近目标，快速击倒最接近的那个人。

（3）击打要害，打倒一个就削弱了对方的一分力量。

（4）避强击弱，对持械者和强大的对手尽量避开，从弱者打开缺口。

（5）声东击西，迷惑对手，创造攻击机会，突然发动进攻。

（6）不要和对方缠斗，摔倒后迅速站起。

（7）寻找削弱对手攻击力的位置，利用一切可以利用的武器。

二、关于擒摔技和地面技

擒摔技和地面技都是需要近距离的身体接触时所用的技术，接触面积大、接触时间长，而且对技术要求比较高，如果不是训练有素，对于瞬息万变的街头格斗来说还是不用为好。即使能很好应用擒摔技和地面技，也要认清形势，只要对方不是一个人就不要擒锁对方，倒地后要迅速站起来。

三、关于抓裆、插眼、牙咬等极端防卫手段

抓裆、插眼、牙咬等特殊的防卫手段在擂台搏击中是绝对禁止的，但是在生死存亡的时候就要不择手段。只要

能攻击裆部、眼睛就不要放过机会，能咬到哪里就狠狠地咬住不放，真正要把自己武装到牙齿。李小龙说过："近身搏斗时咬人很有用，但是不要刻意去咬，不然你的牙齿恐怕不保。"

截拳道中对眼最好的攻击方法是标指，标指速度快、攻击距离长。当双方对峙时，我突然以标指攻击对方眼部（图5-112、图5-113）。标指通常把中指叠在食指和无名指上，增加手指的强度（图5-114）。其实即使不用专门的练习，用手指戳眼也足以让敌人疼痛难忍。

图5-112

图5-113

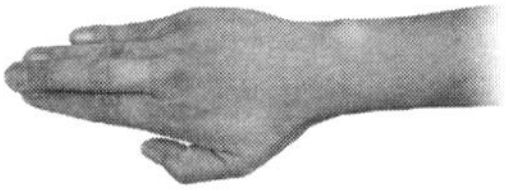

图5-114

图书在版编目（CIP）数据

截拳道自卫防身技法 / 朱保荣著. -北京：人民体育出版社, 2020
ISBN 978-7-5009-5755-3

Ⅰ. ①截…　Ⅱ. ①朱…　Ⅲ. ①截拳道－基本知识
Ⅳ. ①G886.9

中国版本图书馆 CIP 数据核字（2020）第020241号

*

人民体育出版社出版发行
三河兴达印务有限公司印刷
新　华　书　店　经　销

*

850×1168　32开本　9印张　200千字
2020年8月第1版　　2020年8月第1次印刷
印数：1—3,000册

*

ISBN 978-7-5009-5755-3
定价：39.00元

社址：北京市东城区体育馆路8号（天坛公园东门）
电话：67151482（发行部）　　邮编：100061
传真：67151483　　邮购：67118491
网址：www.sportspublish.cn
（购买本社图书，如遇有缺损页可与邮购部联系）